COLLECTION
LECTURE

POR1

GW01081382

GÉRARD DEPARDIEU

Vingt ans de cinéma français

JACQUES BILLARDIÈRE

3

Collection dirigée par
ISABELLE JAN

HACHETTE
58, rue Jean-Bleuzen
92170 Vanves

Crédits photographiques : p. 9, Marcel Roussel ; p. 18, Marc Enguerand ; p. 25, haut : Meurou/Sipa Press, bas : Cinéstar Media Press ; p. 30, Lido/Sipa ; p. 36, haut : L. de Raemy/Sygma, bas : Catherine Faux/Sipa Press ; p. 37, Kipa ; p. 40, Kipa ; p. 41, C. Simonpietri/Sygma ; p. 48, haut : IP/Interpress, bas : R. Melloul/Sygma ; p. 49, haut : collection Kipa, bas : Georges Pierre/Sygma ; p. 56, B. Rheims/Sygma ; p. 57, Sunset/Kipa ; p. 61, F. Darras/Kipa ; p. 64, S. Legrand/Kipa ; p. 65, haut : B. Barbier/Sygma, bas : MO/Kipa ; p. 69, Sipa Press ; p. 73, D. Nivière/Kipa..

Couverture : Agata Miziewicz ; photo : Richard Melloul/Sygma.

Conception graphique : Agata Miziewicz.

Composition et maquette : Joseph Dorly éditions.

Iconographie : Christine de Bissy.

ISBN : 2-01-020316-X

© HACHETTE LIVRE 1993, 79, boulevard Saint-Germain, F 75006 Paris.

Sommaire

NOTE : les mots accompagnés d'un * dans le texte sont expliqués dans « Mots et expressions », en page 75.

Repères

Entre 1971 et 1993, Gérard Depardieu a joué dans soixante-treize films. On a retenu ici les meilleurs ou les plus connus d'entre eux, avec leur date de sortie, le nom et la date de naissance de leur réalisateur, ainsi que les autres acteurs principaux. Une liste complète est donnée en fin d'ouvrage.

Principaux réalisateurs

Bertrand Blier (1939) : *Les Valseuses* (1974) avec Patrick Dewaere, Miou-Miou, Jeanne Moreau. *Préparez vos mouchoirs* (1976) avec Patrick Dewaere, Carole Laure, Michel Serrault (oscar du meilleur film étranger 1977). *Buffet froid* (1979) avec Bernard Blier, Jean Carmet, Carole Bouquet. *Tenue de soirée* (1986) avec Michel Blanc, Miou-Miou. *Trop belle pour toi* (1989) avec Carole Bouquet, Josiane Balasko.

Maurice Pialat (1925) : *Loulou* (1980) avec Isabelle Huppert, Guy Marchand. *Police* (1985) avec Sophie Marceau. *Sous le soleil de Satan* (1987) avec Maurice Pialat, Sandrine Bonnaire (Palme d'or au festival de Cannes 1987).

Francis Veber (1937) : *La Chèvre* (1981), *les Compères* (1983), *les Fugitifs* (1987), tous avec Pierre Richard.

François Truffaut (1932-1984) : *Le Dernier Métro* (1980) avec Catherine Deneuve, Jean Poiret (10 césars, dont les césars du meilleur film et du meilleur acteur). *La Femme d'à côté* (1981), avec Fanny Ardant.

Alain Corneau (1943) : *Le Choix des armes* (1981) avec Catherine Deneuve, Yves Montand. *Fort Saganne* (1984) avec Catherine Deneuve,

... /...

Philippe Noiret, Sophie Marceau. *Tous les matins du monde* avec Jean-Pierre Marielle, Guillaume Depardieu, Anne Brochet.

Autres films français

Vincent, François, Paul et les autres (1974) de **Claude Sautet** (1924) avec Yves Montand, Michel Piccoli. *Mon Oncle d'Amérique* (1980) de **Alain Resnais** (1922) avec Ruggiero Raimondi, Nicole Garcia. *Le Retour de Martin Guerre* (1982) de **Daniel Vigne** (1942) avec Nathalie Baye. *Jean de Florette* (1986) de **Claude Berri** (1934) avec Yves Montand, Daniel Auteuil, Élisabeth Depardieu. *Cyrano de Bergerac* (1990) de **Jean-Paul Rappeneau** (1932) avec Anne Brochet.

Films et réalisateurs étrangers

1900/Novecento (1976) de **Bernardo Bertolucci** (italien, 1941) avec Robert De Niro, Dominique Sanda, Burt Lancaster. *La Dernière Femme* (1976) de **Marco Ferreri** (italien, 1928) avec Ornella Mutti. *La Femme gauchère* (1977) de l'écrivain allemand **Peter Handke** (1942). *Danton* (1983) du Polonais **Andrzej Wajda** (1926). *Green Card* (1991), film américain de l'Australien **Peter Weir** (1944) avec Andie Mc Dowell. *1492 : Christophe Colomb* (1992) de l'Anglais **Ridley Scott** (1939) avec Sigourney Waever.

Divers

Le seul film réalisé par Depardieu (né le 20 décembre 1948) : *le Tartuffe* (1984) avec François Perrier, Élisabeth Depardieu.

En 1993 : *Hélas pour moi* de **Jean-Luc Godard** (1930), *Germinal* de **Claude Berri** (1934).

En projet : *Les Misérables* du Tchèque **Milos Forman** et *Raspoutine* de **Ridley Scott**.

CHAPITRE 1

LE PETIT VOYOU DE CHÂTEAUROUX

En ce soir de mars 1962, il pleut sur Châteauroux. Et la ville est encore plus triste. Parfois, un gros camion passe sur la route de Paris à Toulouse et fait trembler les fenêtres. Paris est si loin.

Châteauroux est juste au centre de la France, carrefour entre l'Est et l'Ouest, le Sud et le Nord. Mais personne ne s'y arrête. Il n'y a rien à faire, ici : deux cinémas et un seul théâtre pour quarante mille habitants, surtout des ouvriers, fils de paysans. Les militaires américains de l'OTAN [1] qui vivent à côté, apportent bien leurs dollars aux commerçants, mais il paraît que de Gaulle ne veut plus d'eux en France et qu'ils vont bientôt partir.

La bouchère ferme vite sa boutique car elle voit arriver, au bout de la rue, une bande de voyous qui chantent très fort et sonnent à toutes les portes.

– Naturellement, dit-elle à son mari, c'est le petit Depardieu qui est leur chef. Tu te rends compte, quand même, il a eu treize ans il y a trois mois. Ah, je plains sa pauvre mère ! Elle n'a même plus de quoi acheter de la viande. Pendant ce temps-là, son fils va traîner dans les bars.

– Il est bien comme son père, le petit Gérard, répond le boucher. Depuis qu'il a été chassé de son usine, le vieux Depardieu n'arrête plus de boire. On se demande où il trouve l'argent pour s'acheter son vin !

---

1. OTAN : Organisation du traité de l'Atlantique Nord.

« GÉGÉ »

Le « petit » Gérard Depardieu a déjà une taille d'adulte : 1,80 mètre. Il fait bien cinq ans de plus que son âge. Ses larges épaules et ses gros bras tatoués [1] font peur. Il se promène tout le temps avec le blouson vert que lui a donné un soldat américain. Pour gagner un peu d'argent, il fait aussi du trafic [2] de cigarettes et de whisky « trouvés » au camp de l'OTAN.

– Alors, Gégé, lui demande un de ses amis, qu'est-ce qu'on fait ce soir ?

– On va au bistrot [3]. C'est moi qui paie.

Et Gérard sort un billet tout neuf de sa poche.

– Où tu as trouvé ça ?

– C'est mon secret.

Dans le seul café de la ville encore ouvert, le patron n'a pas l'air content de voir entrer « Gégé ». Ses amis ont tous plus de dix-huit ans, mais lui n'en a que treize : le patron n'a pas le droit de lui servir à boire. Si la police savait ça, elle ferait fermer son café. Mais il n'ose pas le lui dire. Le jeune garçon peut devenir très violent. Et puis, tout le monde l'aime, ici, le « Gégé ». Il est tellement drôle !

Gérard Depardieu brandit son billet tout neuf et dit en faisant comme John Wayne dans un western qu'il a vu il y a deux mois :

– Whisky pour tout le monde.

Les quelques ivrognes [4] crient « bravo » et tendent leur verre.

– Ah, ce Gégé, tout de même ! Allez, Gégé, fais-nous rire, raconte-nous une histoire.

---

1. Tatoué : avec des dessins faits dans la peau (tatouage).
2. Faire du trafic : vendre de façon malhonnête.
3. Bistrot : café ou bar en langage populaire.
4. Ivrogne : personne qui boit trop.

**Châteauroux, place de la République.
Une petite ville de province, dans les années 60.**

– Sais-tu au moins ce que c'est le rire, répond Depardieu en imitant la voix d'un professeur. C'est de la mécanique plaquée sur du vivant. C'est Bergson [1] qui a dit ça.

– Bergson ! Mais où il va chercher tout ça ? Encore un de ces livres qu'il a dévorés. Pourquoi tu ne vas plus à l'école, puisque tu aimes tellement lire ?

– Mon école, c'est vous, les amis, les bistrots, la rue, la vie, quoi !

Un seul client du bar n'a encore rien dit : c'est un ancien militaire. Il parle tout seul, ou plutôt il parle aux bouteilles en leur donnant des prénoms de femmes. Gérard lui donne une grande tape dans le dos et lui dit :

– Allez, on leur joue *Dom Juan* ?

---

1. Henri Bergson : philosophe français (1859-1941), auteur du *Rire*.

Voilà le vieil ivrogne et le jeune voyou qui récitent le texte de Molière !

Quelque temps auparavant, un jour où il ne parlait pas aux bouteilles, le vieux militaire avait emmené Gérard au théâtre. On ne sait pas pourquoi, mais il avait beaucoup d'amitié pour le jeune garçon. Une troupe d'acteurs* qui passait par Châteauroux jouait le *Dom Juan* de Molière.

Gérard fut ébloui. Il ne comprend pas grand-chose au texte, mais il admire ces lumières, ces beaux costumes, les acteurs. Et le garçon de treize ans décide alors que lui aussi, un jour, il sera acteur. C'est depuis ce jour-là qu'il lit à la bibliothèque de la ville toutes les pièces* de théâtre et tous les livres qui parlent du théâtre. D'ailleurs, tout le monde le lui dit :

– Ah, Gégé, tu es un vrai clown. Tu devrais être acteur.

Et ce soir, le voilà qui joue *Dom Juan* devant son premier public : quelques ivrognes, quelques voyous. Un homme s'approche de lui :

– Dis, Dom Juan, tu vas arrêter de tourner autour de ma sœur.

– Hein ? Mais je m'en moque, moi, de ta sœur.

Gérard commence à donner des petits coups de tête sur le front de son adversaire.

– C'est la bagarre que tu veux, hein, c'est la bagarre ?

Trois policiers entrent dans le bistrot.

– Tu es encore là, Depardieu, dit leur chef. Tu sais que tu n'as pas le droit. Allez, hop, tu vas passer la nuit au commissariat. Suis-nous, et en vitesse !

Ce n'est pas la première nuit que Depardieu passe en prison. Mais ce sera la dernière, il se le promet. Il sera acteur. Mais pour cela, il faut qu'il parte de Châteauroux.

Le lendemain, un policier le raccompagne chez ses parents. C'est vraiment la pauvreté, chez les Depardieu.

Gérard est le troisième garçon d'une famille de six enfants. Son père, fils de paysan, a été ouvrier. Mais il a été remplacé par une machine. Le voilà chômeur. Sa mère est fatiguée par tous ces enfants. Dans le livre qu'il a écrit plus tard, *Lettres volées* [1], Depardieu dira qu'elle ressemblait à une vache ! Mais il ajoutera : «C'est très bien une vache, c'est le lait, la viande, le sang... Une immobilité chaude et rassurante.»

Six enfants, pas d'argent, le vin rouge, les cris. Voilà ce que trouvent le policier et Gérard en arrivant à la maison.

– Monsieur Depardieu, dit le policier, votre fils va devenir un vrai voyou et il risque de faire de très grosses bêtises. Envoyez-le dans une maison de redressement [2].

– Jamais, répond le père Depardieu en criant. Et sortez d'ici. Je ne veux pas de policier chez moi.

Une fois le policier parti, il se tourne vers son fils :

– Gérard, c'est la première fois qu'un Depardieu va en prison. Va-t'en de chez moi et ne reviens que quand tu auras trouvé un métier et que tu seras devenu honnête.

C'est ainsi que Gérard Depardieu quitta Châteauroux.

Un enfant perdu

Que s'est-il passé dans la vie de Gérard Depardieu entre le moment où il part de Châteauroux et le jour où, deux ans plus tard, il ouvre la porte de l'école de théâtre du cours Dullin, à Paris ? Il est très difficile de le savoir. Lui-même dit qu'il a complètement oublié ce temps-là : «Je ne parlais plus, j'avais trop d'émotions, j'étais trop malheureux.»

---

1. *Lettres volées*, Gérard Depardieu, éditions J.-C. Lattès.
2. Maison de redressement : endroit où on envoyait les enfants trop jeunes pour aller en prison.

Essayons alors d'imaginer ce que peut faire ce garçon de quatorze ans à peine, sur les chemins.

En 1962, cela fait déjà quelques années que les beatniks errent [1] sur les routes des États-Unis. En France, ils sont encore peu nombreux. Voilà comment les décrira un journal français : « Ils sont sales, sans argent, sans profession. » Depardieu, à cette époque, doit un peu leur ressembler. Ses cheveux blonds et raides tombant dans le dos, le sac à l'épaule, il fait de l'auto-stop, le pouce tendu au-dessus de la route. Pour aller où ? Vers le Sud, peut-être, vers le soleil, loin de la ville grise, loin de Châteauroux.

Quelques mois plus tard, on peut voir, sur les plages de Saint-Tropez ou de Cannes, un grand garçon aux bras tatoués, louer des chaises longues ou des parasols.

Puis, quand l'automne arrive, et que les touristes sont partis, il reprend la route. Il a trouvé un autre travail : cette fois, il propose, de ville en ville et de porte en porte, des savons fabriqués par les aveugles ou des écrans* qui servent à agrandir l'image de la télévision. Un jour qu'il essaie, dans une ville oubliée, de vendre ces objets, un couple de vieilles personnes essaient de le retenir chez eux, pour qu'il devienne comme leur fils.

Mais non, il s'en va à nouveau, la tête vide, le cœur malheureux. Ce qui l'intéressait, raconte-t-il aujourd'hui, « c'était la vie des gens. Mon livre, c'était les autres. »

Un jour de 1964, il arrive à Paris. Pour quoi faire ? On ne le sait pas. On ne sait pas non plus comment ce garçon devenu silencieux et timide pousse la porte du cours Dullin, l'école du Théâtre national populaire de Paris et demande à apprendre le métier d'acteur. Il n'a pas encore seize ans. Se rappelle-t-il certains soirs dans

---

1. Errer : marcher sans but.

le bistrot de Châteauroux, quand il criait, entre deux verres de vin, qu'il allait devenir une star ? N'est-ce pas aussi pour se «soigner», comme il l'explique avec finesse : «Je suis arrivé au théâtre et à la lecture pour sortir du silence.» Du silence et de la solitude.

Ce doit être une grosse surprise pour le petit voyou de Châteauroux, pour le jeune beatnik vendeur de savons que de regarder un cours de théâtre. Sur la scène*, un professeur — «mais je le reconnais, c'est un acteur, je l'ai vu dans un film... Comment s'appelle-t-il déjà ?» — et une jeune fille qui se tient toute droite. Le professeur explique :

– Ouvre bien la bouche quand tu parles. N'aie pas peur de parler lentement. Marche, maintenant...

La jeune fille obéit, répète dix fois la même phrase, un alexandrin * que Gérard ne comprend pas. Le professeur lui demande encore de recommencer. C'est donc cela, être acteur ! Ce n'est pas raconter de bonnes grosses plaisanteries qui font rire les ivrognes de Châteauroux ? C'est un vrai métier.

Après ces longs mois sur les routes de France, le grand corps maladroit de Gérard Depardieu est vide. Tant mieux ! Il va le remplir de tout ce qu'il va apprendre ici. Il a brusquement un immense appétit de tout savoir, de tout jouer. Un appétit qui, aujourd'hui, vingt-neuf ans plus tard, ne s'est pas calmé.

La vie de Gérard Depardieu a vraiment commencé ce jour-là, quand il a osé ouvrir la porte du cours Dullin.

CHAPITRE 2

À L'ÉCOLE DU THÉÂTRE

Très vite, Gérard Depardieu va se faire des amis parmi les élèves-acteurs. Il se croit pourtant idiot au milieu de ces jeunes Parisiens qui semblent tout connaître du cinéma et du théâtre.

Pour pouvoir manger, il continue quelque temps son métier de vendeur de savons. Il fait sans doute aussi tous les petits métiers que les étudiants trouvaient facilement à Paris, en ce temps-là. Un ami lui a donné une chambre, sous les toits. Il y a juste la place pour un lit, un lavabo et ses livres.

UN ÉCOLIER-ACTEUR BIEN SAGE

Dès qu'il sort de l'école de théâtre, où il a écouté ses professeurs : Jean-Pierre Darras ou Jean-Louis Trintignant, il va à la cinémathèque, juste à côté. La cinémathèque, c'est un peu le musée du cinéma : on y voit les vieux films de tous les pays, ceux de Méliès ou de Renoir, de Cecil B. de Mille ou de Charlie Chaplin.

Depardieu est devenu un écolier-acteur bien sage. Pour apprendre, il regarde les autres élèves en train de travailler. Il récite tous les rôles*, toutes les pièces en entier. Le soir, il va retrouver ses jeunes amis acteurs dans les bars de la rue Mouffetard. On discute théâtre ou cinéma. Tout le monde commence à le connaître, ce grand jeune homme aux gros bras et au gros nez qui parle peu, mais qui boit beaucoup. On l'appelle « Pétar ».

– Eh, Pétar, tu devrais aller aux cours de Jean-Laurent Cochet. S'il trouve que tu es bon, il te trouvera des rôles.

Pétar va donc voir Jean-Laurent Cochet. Ce professeur de théâtre lui demande d'apprendre le rôle de Caligula dans la pièce d'Albert Camus. Cochet comprend vite que le physique fort et brutal de Depardieu d'où sort une voix étrange et douce serait parfait pour jouer le rôle du jeune empereur romain devenu fou. Si Depardieu est bon, Jean-Laurent Cochet l'acceptera dans son école.

– Tu viendras jouer le rôle demain.

«J'ai passé une nuit à essayer d'apprendre et à lire vite, raconte Depardieu. Le lendemain, ça a été assez curieux. En asseyant mon partenaire*, j'ai cassé la chaise. On n'entendait presque pas ce que je disais. J'avais tellement peur... peur de ne pas bien dire mon texte, peur de ne pas me souvenir. Finalement, j'ai commencé à "passer dans les lumières"*. Cochet m'a appelé dans son bureau et m'a dit : "Tu travailleras Pyrrhus..." Mais je ne savais même pas comment écrire Pyrrhus. Puis, quand j'avais à dire : "La Grèce en ma faveur s'est trop inquiétée"[1], pour moi, c'étaient des mots que je ne comprenais pas.»

Maintenant qu'il est accepté au cours de Jean-Laurent Cochet, les choses sérieuses vont commencer. Il lui reste tellement à apprendre pour devenir un bon comédien*. Pour fêter ça, il va dans son bistrot de la rue Mouffetard.

– Eh, Pétar, tu devrais venir au Café de la Gare. Romain Bouteille a peut-être un rôle pour toi. Tu verras, le café-théâtre*, ça va te changer de Racine et de Camus.

Celui qui lui a dit ça est un jeune acteur d'un an de plus que lui. Petit, maigre, portant une fine moustache, il a l'air toujours agité, nerveux : Patrick Dewaere.

---

1. Vers de Racine dans *Andromaque*.

En cette année 1965, le café-théâtre n'est pas encore à la mode. Des jeunes gens, qui sont souvent dans le même lycée, décident de devenir acteurs. Ils demandent à un patron de bistrot de leur prêter sa salle, le soir, et d'y donner des spectacles. Il s'agit en général de petites pièces qu'ils improvisent* et où ils se moquent de la société. Parfois, ils chantent une chanson et s'amusent autant que le public. Les gens les regardent en buvant un verre et paient ce qu'ils veulent : une pièce de un franc ou un billet. Le plus célèbre de ces endroits s'appelle le Café de la Gare et son directeur, Romain Bouteille, est un peu «l'inventeur» du café-théâtre.

Depardieu va jouer de temps en temps avec eux, et il leur restera toujours fidèle. Mais il ne fera jamais vraiment partie de «la bande à Bouteille». Il préfère continuer à apprendre le plus de rôles possibles pour devenir l'acteur le plus professionnel possible.

LE PREMIER FILM

– Eh, Pétar, mon oncle Roger Leenhardt tourne* un court métrage* qui s'appelle le Beatnik et le Minet[1]. Il a trouvé le minet, mais il cherche encore le beatnik. Avec ta tête et tes cheveux longs, tu as une chance.

La jeune femme qui lui a dit cela s'appelle Élisabeth. Elle aussi est élève de Jean-Laurent Cochet. Gérard en est amoureux. Mais il n'ose pas le lui avouer. Il se sent trop lourd, trop «paysan de Châteauroux», devant cette jolie petite femme intelligente, trop parisienne pour lui.

Aujourd'hui, Gérard et Élisabeth sont mariés depuis plus de vingt ans. Ils ont deux enfants. Gérard Depardieu ne parle jamais de sa vie privée. Mais on peut

---

1. Minet : jeune homme élégant.

deviner quand même qu'Élisabeth Depardieu a beaucoup aidé son mari pour qu'il devienne un jour le plus célèbre des acteurs français.

En attendant, Gérard joue dans *le Beatnick et le Minet* de Roger Leenhardt. C'est son premier film. D'autres cinéastes* le remarquent. La même année, Agnès Varda lui propose de jouer à nouveau un beatnik dans *Christmas Carol*, un film qui ne sera jamais fini.

L'année suivante, en 1966, on l'engage dans des téléfilms*. Il en fera six jusqu'en 1972. Ce sont des petits rôles, souvent mal payés, mais qui lui permettent de vivre et de payer ses cours de théâtre sans continuer ses petits métiers. Ce qui ne l'empêche pas d'aller parfois au Café de la Gare retrouver les amis de Romain Bouteille.

Cette vie d'acteur débutant, difficile et pourtant joyeuse, va durer jusqu'en 1968. Pour la première fois, il va monter sur une scène* de théâtre devant un public, un vrai public, dans un vrai théâtre. Ce ne sont plus les jeunes gens sympathiques qui venaient au Café de la Gare.

Pendant cinq ans, Gérard Depardieu va jouer dans huit pièces différentes, courant d'un théâtre à l'autre. Il n'a pas encore le premier rôle, mais déjà on le remarque, le public commence à le reconnaître. Parfois, un cinéaste vient lui demander de tourner pendant deux ou trois jours dans son dernier film. En 1971, Michel Audiard lui donne le rôle d'un jeune tueur dans *le Cri du cormoran le soir au-dessus des jonques*, un film comique populaire, pour ne pas dire vulgaire.

Ce rôle, Depardieu va le jouer dans bien d'autres films. On le voit, l'arme à la main, crier « haut les mains » et recevoir une balle dans la tête. Il sait bien que ces films ne sont pas ceux où il aimerait jouer.

Il sait bien aussi qu'il risque de se retrouver tueur durant toute sa vie d'acteur. Mais ces films lui permettent de rencontrer les grandes stars de l'époque : Alain Delon dans *Deux hommes dans la ville*, Jean-Paul Belmondo dans *la Scoumoune*, Jean Gabin dans *l'Affaire Dominici*, Bernard Blier dans *le Cri du cormoran*, etc. Comme il l'avait fait pour le théâtre, il regarde, il écoute, il se tait. Il apprend le cinéma.

On a dit souvent que Depardieu était devenu célèbre en 1974 à partir des *Valseuses* de Bertrand Blier — fils du grand comédien* Bernard Blier. En vérité, cela faisait plus de cinq ans qu'il était connu du public et des critiques*.

Gérard Depardieu aux côtés de Delphine Seyrig dans *la Chevauchée sur le lac de Constance* mise en scène de Claude Régy, janvier 1974.

Au théâtre, il est déjà connu : quand il joue dans *la Chevauchée sur le lac de Constance* de Peter Handke, un article du journal *le Monde* salue son talent : «On dirait qu'une bête est là... C'est un loup [1], qui, d'une seconde à l'autre, va tuer... Et c'est très beau.»

Il y a déjà là ce qui fait l'art de Depardieu, cette violence retenue toujours prête à éclater. La violence du petit voyou de Châteauroux désormais bien contrôlée par l'élève de Jean-Laurent Cochet.

On a répété que Depardieu jouait «naturellement» et trouvait tout de suite, sans réfléchir, la bonne manière de composer son personnage. C'est parfois vrai, mais en réalité, il n'est pas seulement un acteur d'instinct [2]. Il a appris son métier longtemps et sérieusement, en allant de théâtre en théâtre et de studio* en studio. Il a fallu huit ans pour qu'il devienne l'acteur que l'on connaît aujourd'hui. On pourrait dire huit ans d'études : plus qu'un médecin !

---

1. Loup : animal sauvage de la famille du chien.
2. Instinct : ce qui pousse à faire les choses sans réfléchir, guidé seulement par la nature, comme un animal.

CHAPITRE 3

LA RÉVOLUTION DES VALSEUSES

En 1974, le troisième film d'un cinéaste de trente-cinq ans, Bertrand Blier, rencontre un grand succès mais provoque un scandale : ce sont *les Valseuses*. Ce film fait également connaître au grand public trois jeunes comédiens : Miou-Miou, Patrick Dewaere et... Gérard Depardieu. Mais surtout, *les Valseuses* vont réveiller le cinéma français. Et cela dure depuis vingt ans. Ces vingt ans de cinéma vont être les années Depardieu.

VACANCES AU CAFÉ-THÉÂTRE

Un jour de 1973, Bertrand Blier se rend au Café de la Gare pour voir jouer les jeunes acteurs de Romain Bouteille. Il cherche en effet des comédiens inconnus pour tourner dans son prochain film.

Bertrand Blier, lui, n'est pas un inconnu. Il avait déjà réalisé un premier film, en 1963, alors qu'il n'avait que vingt-quatre ans, *Hitler, connais pas*, sur les jeunes de ces années-là, qui avaient oublié la guerre de leurs parents. Son deuxième film, *Si j'étais un espion*, en 1969, passe inaperçu. Et puis, plus rien. Blier se retrouve assistant dans de nombreux films où joue son père, Bernard ; il participe ainsi à la réalisation du *Cri du cormoran le soir au-dessus des jonques* en 1971. C'est peut-être là qu'il a remarqué Gérard Depardieu, dans un petit rôle.

Bertrand Blier vient de publier un roman salué par la critique : *les Valseuses*. «Pour que j'écrive quatre cents pages, il fallait que j'aille très mal », dira-t-il plus tard.

Maintenant, il veut en faire un film. Il sait que, dans un cinéma français sans grande originalité, *les Valseuses* vont faire du bruit. Par ailleurs, les dialogues* et le scénario* sont bien dans l'esprit «café-théâtre ».

Le théâtre en France est, en ce temps-là, aussi malade que le cinéma. C'est encore une fois la faute de la télévision qui, avec trois chaînes et la couleur, prend beaucoup d'importance dans la vie des Français.

Mais, depuis la révolte des étudiants en mai 68, une nouvelle génération, celle des vingt à trente ans, refuse cette vie familiale autour du poste de télévision. Alors, ils sortent. Pour aller où ? Au cinéma voir encore une fois le dernier Delon ou le dernier Belmondo ? Au théâtre où les places sont si chères ? Il reste le café-théâtre. Bien sûr, les spectacles qu'on y joue ne sont souvent qu'une série de plaisantcrics d'étudiants dans l'esprit de *Hara-Kiri*, un journal qui se dit lui-même «bête et méchant ». Mais jeunes acteurs et jeunes spectateurs se comprennent, ils parlent le même langage, ils rient des mêmes plaisanteries, ils ont les mêmes révoltes.

C'est parmi ces jeunes acteurs que se trouvent les futures stars du cinéma français : Coluche, Daniel Auteuil, Patrick Dewaere, Josiane Balasko, Anémone, Miou-Miou.

Naturellement, Depardieu accepte de jouer dans le futur film de Bertrand Blier : c'est la première fois que son nom apparaîtra en haut de l'affiche. Mais aussi, l'idée de travailler avec ses copains [1] Dewaere et Miou-Miou, à la campagne ou au bord de la mer, lui plaît bien : ce sera presque des vacances !

---

1. Copains : amis, surtout chez les jeunes.

Le tournage* se passe entre le 16 août et le 8 octobre 1973. Blier va avoir un peu de mal à faire travailler ses jeunes gens. Le soir, ils font la fête et reviennent au matin, à moitié endormis. Quand le réalisateur* se fâche, Depardieu lui explique très sérieusement que ces nuits folles lui sont très utiles pour comprendre leurs rôles de voyous.

« Bertrand devait nous prendre pour deux petits idiots, racontera Depardieu, bien plus tard. Et il n'avait pas tort ! »

L'histoire des *Valseuses* est ce que les Américains appellent une *road movie*, un film de voyage. Deux garçons errent sur les routes de France, cherchent à profiter, de façon pas très honnête, d'une société trop riche qui les rejette. Mais, et c'est surtout cela qui a créé le scandale : « Mes deux garçons, dit Bertrand Blier, s'aiment tendrement [...] Ils aiment une jeune femme et se la partagent sans problème. »

LE SCANDALE

En février 1974, on voit apparaître sur les murs de Paris de petites affiches de cinéma. Sur la photo, deux garçons, un grand blond et un petit brun jettent une jeune fille dans une rivière. Le titre : *les Valseuses*.

Une partie de la critique proteste haut et fort : ce film est grossier, vulgaire. D'autres le trouvent plutôt sympathique, amusant, gentiment provocateur [1]. Mais tous reconnaissent que les jeunes acteurs, Patrick Dewaere, Miou-Miou et Gérard Depardieu, sont excellents. On parle de trois « révélations [2] ».

Malgré la critique, il se passe alors quelque chose de curieux que personne, dans le monde du cinéma, ne

---

1. Provocateur : qui, par ses actes ou ses paroles, veut faire réagir le public avec violence (une provocation, v : provoquer).
2. Révélation : apparition brutale de talents inconnus.

comprend. Dès la sortie du film, les jeunes arrivent en nombre, remplissent les salles : ils ont entre dix-huit et trente ans, les plus âgés ont « fait » mai 68, les plus jeunes auraient bien aimé y participer.

Les Valseuses resteront dans les salles parisiennes de longs mois encore. Les journaux se posent des questions, parlent d'un «phénomène de société». Certains comparent le film à celui de Stanley Kubrick, sorti trois ans avant : pour eux, les Valseuses sont «Les oranges mécaniques» françaises. Le film de Stanley Kubrick racontait en effet ce que pourrait être, dans l'avenir, une société qui irait jusqu'au bout de la violence. Il est vrai que dans les Valseuses aussi les personnages vont très loin : langage grossier, actions violentes, etc.

Vingt ans après le film, on s'aperçoit aujourd'hui qu'il était bien dans l'esprit du temps et qu'un peu partout, dans le monde du cinéma, il se passait quelque chose de nouveau. Il y avait déjà eu, avant les Valseuses, Orange mécanique, sans doute, mais aussi le Dernier Tango à Paris, sorti en 1972. Ce film franco-italien de Bernardo Bertolucci avait provoqué un scandale : on y voyait des scènes d'amour très osées pour l'époque. Mais peu de gens s'étaient aperçus que le Dernier Tango était surtout un chant désespéré sur l'amour, la mort et la solitude.

En cela, les Valseuses lui ressemblent. Sauf qu'ici, la solitude et la mort sont cachées sous le rire et les mots grossiers.

Autre film qui annonce les Valseuses : la Maman et la putain de Jean Eustache, en 1972. Là aussi, situations violentes, langage grossier... Présenté au festival de Cannes*, le film fut sifflé [1]. Trop en avance sur son temps, Jean Eustache finira par se suicider [2].

---

1. Siffler : émettre un son aigu pour protester.
2. Se suicider : se donner la mort volontairement (n : suicide).

Les Valseuses, au contraire, sont arrivées au bon moment pour réveiller le cinéma français.

Un long sommeil

Pour comprendre ce succès, qui va tout changer dans le cinéma français, il faut revenir quelques années en arrière.

« La France s'ennuie », écrivait un journaliste en avril 68. Et de fait, les Français, bien installés dans le confort matériel, n'avaient pas envie d'un cinéma qui les dérange.

La révolte des étudiants fait comprendre aux producteurs* qu'un nouveau public est né qui demande autre chose au cinéma. Par ailleurs, la censure [1] du gouvernement est beaucoup moins sévère.

Et voici les années 1973-1974. Le cinéma français hésite. On parle déjà de « crise ». La critique et le public n'aiment pas les mêmes films. Les premiers disent beaucoup de bien d'un cinéma très « intellectuel* » comme le dernier film de Bresson, *Lancelot du lac*, ou encore de *Nathalie Granger* de Marguerite Duras, où figure un jeune acteur inconnu du nom de Depardieu.

Le public populaire, lui, préfère aller rire aux comédies* de Gérard Oury : *les Aventures de rabbi Jacob*, ou trembler de peur quand Jean-Paul Belmondo, dans *Deux Hommes dans la ville* de José Giovanni, est menacé par le revolver d'un jeune tueur fou joué par un certain Gérard Depardieu.

Le cinéma français a toujours produit ces deux types de films. D'un côté un cinéma qui veut avant tout être un art et qui finit par ne plus intéresser qu'un tout petit nombre de gens à la mode, de l'autre un cinéma

---

1. Censure : action d'interdire une œuvre.

PAUL CLAUDON présente
LES VALSEUSES
Un film de BERTRAND BLIER
Distribution S.N. PRODIS

Les Valseuses, de Bertrand Blier. Avec Patrick Dewaere, Gérard Depardieu, Isabelle Huppert et Miou-Miou.

populaire, qui cherche à plaire au plus grand public et qui finit, lui, par tomber dans le simple commerce et la bêtise.

Parfois pourtant des cinéastes réussissent à dépasser ces frontières et à concilier l'art et l'intelligence avec le goût du grand public et le succès populaire. Comme avant la guerre, avec Renoir ou Carné. Comme dans les années soixante, avec des admirateurs du cinéma américain : la Nouvelle Vague.

Mais, en cette année 1974, la Nouvelle Vague n'est plus très... nouvelle. Les films du plus célèbre de ses réalisateurs, François Truffaut, ressemblent de plus en plus au cinéma contre lequel il se battait jadis. Jean-Luc Godard, lui, ne s'est toujours pas guéri de mai 1968. Ses films sont devenus des «leçons de révolution».

D'ailleurs, ce qui fait rentrer de l'argent dans les poches des producteurs*, ce sont des films qui ressemblent à des recettes de cuisine : vous prenez un solide metteur en scène* qui connaît bien son métier, Giovanni ou Enrico, vous achetez les droits d'un roman policier et vous réunissez sur le plateau* deux acteurs célèbres : Jean Gabin et Simone Signoret, Yves Montand et Catherine Deneuve, Brigitte Bardot et Lino Ventura.

Le cinéma français est redevenu vieux. On attend une nouvelle «Nouvelle Vague» pour qu'il retrouve sa jeunesse.

LE RÉVEIL DU CINÉMA FRANÇAIS

Écartons un instant du catalogue des films français de l'époque, les policiers, les «Nouvelle Vague» fatigués, les comiques épais et la mode «rétro» qui n'arrête pas de parler des années d'avant-guerre et de l'occupation. Il ne reste plus que quelques débutants qui promettent.

Dans son deuxième film, *les Doigts dans la tête*, Jacques Doillon raconte l'histoire d'un jeune boulanger qui lutte contre son patron. Maurice Pialat, lui, dans *la Gueule ouverte*, décrit avec précision la vie d'une petite ville de province.

Ce sont des histoires de tous les jours, la vie des gens ordinaires avec leurs chagrins et leurs joies. Les personnages parlent comme tout le monde. D'autres cinéastes suivent cette voie. Certains repartiront vite vers le cinéma commercial, d'autres, comme Pialat ou Jean-Charles Tachella, deviendront de grands réalisateurs.

La critique croit voir dans ces cinéastes une « école » française du cinéma qu'ils vont nommer « le nouveau naturel ». C'est aller un peu vite. Car s'il est vrai qu'en cette année 1974, le cinéma français est en train de renaître, ce n'est pas pour se fixer dans une « école ». Il va au contraire partir dans tous les sens, dans tous les genres : comédie ou drame, policier ou histoire d'amour, film historique ou histoire contemporaine...

La frontière entre cinéma commercial et cinéma d'auteur va enfin s'ouvrir. Le premier film à la franchir va être *les Valseuses*.

Vingt ans après, on peut parfois le revoir dans les salles de cinéma et, plus souvent, à la télévision. Il ne scandalise plus depuis longtemps, mais on le retrouve toujours avec un grand plaisir, on découvre une phrase, une image ou une idée que l'on n'avait pas remarquées la première fois. C'est devenu un film culte*.

Mais c'est l'acteur Gérard Depardieu, qui, durant ces années, en jouant dans près de quatre-vingts films, va témoigner à lui seul de la variété et de la liberté retrouvées du cinéma français.

CHAPITRE 4

DEPARDIEU CONTRE DEWAERE

On ne pouvait pas deviner, en 1974, que Blier serait, avec Pialat et quelques autres, l'un des cinéastes français les plus importants de son temps. Ce que le public, alors, avait surtout remarqué, c'étaient les deux acteurs principaux : Depardieu et Dewaere.

LAUREL ET HARDY

En choisissant ces jeunes gens, Blier n'a fait que reprendre la vieille idée du cinéma : le duo, Laurel et Hardy, le grand et le petit, le fort et le faible.

Dewaere a toujours l'air d'avoir peur de tout et de porter sur ses maigres épaules tout le malheur du monde. Depardieu le protège. Mais il exagère, il insiste trop, il a peur que l'autre soit malheureux, il veut l'aider, le guérir. Lui qui a toujours faim, de nourriture, de femmes, de plaisir, il oblige Dewaere à avoir le même appétit, il le force à manger, à aimer, à être heureux malgré lui, en somme.

Très vite, le public et la critique ont opposé les deux acteurs, comme ils avaient opposé, trois ans auparavant, Delon à Belmondo dans un film « rétro » : *Borsalino*.

Roger Boussinot, un critique, peut écrire dans son *Encyclopédie du cinéma*, quelques années après *les Valseuses* : « D'un talent plus varié, [...] plus complet que celui de son ami Dewaere, Gérard Depardieu (est) utilisé par d'excellents réalisateurs* dans (des rôles) très différents prouvant la sûreté du métier qu'il a acquis. »

Il y aura alors le «parti Dewaere» et le «parti Depardieu». D'un côté les anciens étudiants de 68 — mais aussi les jeunes filles — qui préfèrent la fragilité du petit, son romantisme, son jeu réaliste [1]; de l'autre, le public plus populaire — mais aussi les garçons — qui choisissent la solidité du grand, sa façon de prendre la vie comme elle vient, son jeu plus étudié.

Sans le vouloir et tout en restant amis, les deux acteurs vont se faire concurrence pour être le premier des jeunes comédiens des années soixante-dix. D'ailleurs, en plus de leur physique, tout les oppose : Dewaere est né dans une famille d'acteurs, il a été élève de l'École du spectacle et a choisi le café-théâtre par révolte contre ses parents, en 1968. Depardieu, l'ancien voyou de Châteauroux, reconnaît volontiers que les «événements de mai 68» ne l'avaient pas intéressé. Seul le théâtre comptait pour lui.

«En ce temps-là, pour aller travailler, raconte-t-il, je passais au milieu des étudiants et des policiers sans les voir.»

La vie des deux jeunes comédiens va être profondément changée à cause des *Valseuses*. Ils vont finir par ressembler à leur rôle, dans la vie et dans leur métier : Patrick Dewaere, trop fragile, se suicidera d'un coup de fusil, en 1982, et Gérard Depardieu, avec son énorme appétit, courra de film en film, sans jamais s'arrêter.

Au début, il semble que ce soit Dewaere qui gagne. Il retourne au Café de la Gare de Romain Bouteille. La foule vient nombreuse pour voir le héros des *Valseuses* «en vrai». Il profite de sa célébrité pour prendre des risques et aider de jeunes réalisateurs dans leur premier film. Quand il part, comme beaucoup d'acteurs français, tenter l'aventure italienne, c'est avec Bellochio dans *la Marche triomphale*, un film très «politique».

---

1. Réaliste : qui s'approche de très près de la réalité.

Patrick Dewaere, Gérard Depardieu, deux comédiens, deux amis que le destin séparera, tragiquement.

Depardieu, lui, va, dans les premiers temps, faire beaucoup plus attention à sa carrière, à son « image ». « Après *les Valseuses*, avoue-t-il aujourd'hui, j'avais "la grosse tête"[1]. »

« NE M'APPELEZ PLUS PÉTAR »

Un « copain de bistrot » de Depardieu raconte qu'un jour de 1974, il le voit, caché derrière des lunettes noires, la tête tournée contre le mur, en train de boire un verre de vin rouge dans un coin de son café favori.

---

1. Avoir la grosse tête : expression populaire. Être prétentieux. Croire qu'on est le meilleur, le plus important.

– Eh, salut Pétar ! Qu'est-ce que tu deviens ?

Depardieu répond de sa voix inimitable :

– Tais-toi, tais-toi, ne m'appelle plus Pétar. C'est fini, maintenant.

Oui, sans doute, le jeune acteur de vingt-six ans peut avoir la «grosse tête». Il part comme Dewaere tourner en Italie, tout de suite après *les Valseuses*. Mais lui c'est avec Bernardo Bertolucci, l'auteur du *Dernier Tango à Paris*. Il est presque sûr que *1900/Novecento* va connaître le succès. Il y partage le premier rôle avec un jeune acteur américain, Robert De Niro. Dans ce film de plus de quatre heures qui raconte l'histoire de l'Italie au début du siècle, Depardieu rencontre aussi Burt Lancaster, Sterling Hayden, Stefania Sandrelli, Dominique Sanda et Donald Sutherland. Rien que des stars !

À Rome, le réalisateur italien de *la Grande Bouffe*, Marco Ferreri, lui confiera le rôle principal de *la Dernière femme*. Dans ce film qui provoquera, lui aussi, un grand scandale, Depardieu, ingénieur au chômage abandonné par sa femme, finit par se mutiler [1]. Grand succès aux États-Unis, auprès de la critique et des intellectuels new yorkais.

En France, Depardieu prend moins de risques que son ami Dewaere et choisit toujours des réalisateurs confirmés. Avec Claude Sautet, dans *Vincent, François, Paul et les autres*, le voilà aux côtés d'Yves Montand et de Michel Piccoli. Dans *Pas si méchant que ça*, du Suisse Claude Goretta, il est le mari de Marlène Jobert, une actrice très connue ces années-là.

Entre 1974 et 1978, Depardieu va jouer dans seize films. Dewaere n'en tournera que la moitié, préférant le plus souvent revenir à ses amis, à sa «famille» du Café de la Gare. Alors que Dewaere reste toujours

---

1. Se mutiler : se faire une blessure volontairement.

plus ou moins le jeune premier* des *Valseuses*, fragile et perdu dans un monde trop dur pour lui, Depardieu joue des personnages très divers.

Il est tour à tour le paysan sérieux et révolutionnaire (*1900*), l'inventeur génial (*Stavisky*, de Resnais), l'ouvrier amical et raisonnable (*Vincent, François, Paul et les autres*), le chef d'entreprise qui devient voleur (*Pas si méchant que ça*), le médecin un peu fou qui lutte contre un patron d'hôpital (*Sept morts sur ordonnance*, de Jacques Rouffio) ou l'assassin amoureux (*Barocco*, d'André Téchiné).

Dans ce dernier film, Depardieu montre ses grandes possibilités d'acteur. Il y joue deux rôles, celui d'un boxeur pas très malin et celui de son assassin, amoureux fou d'Isabelle Adjani, la nouvelle star du cinéma français.

Pourtant, après *Barocco*, en 1976, la carrière de Depardieu semble hésiter. Jusqu'ici, presque tous ses films depuis *les Valseuses* ont été de grands succès, à l'exception de son troisième film, avec son amie l'écrivain Marguerite Duras, *le Camion*. Là, il sait que le film n'attirera pas la foule. C'est un cinéma d'intellectuels pour les intellectuels. Depardieu ne demande d'ailleurs à être payé que d'une bonne bouteille de vin.

Il joue alors dans *René la Canne*, de Francis Girod, un honnête film policier à la française, dans l'esprit des Belmondo et autres Delon.

Et puis, en cette année 1977, tout change. On pourrait croire que Depardieu cherche à imiter Dewaere en aidant des réalisateurs peu connus ou débutants. C'est d'abord le premier film de Gérard Zingg : *La nuit tous les chats sont gris*. Il participe même à la production. C'est un échec. En même temps, il est la vedette dans le nouveau film de Claude Miller, *Dites-lui que je l'aime*, où il joue le rôle d'un petit employé devenu assassin par amour. Autre échec. Le film est bon, mais le public ne peut pas accepter Depardieu dans le rôle d'un homme ordinaire qui sombre dans la folie. Nouvelle expérience de production avec le difficile *Violanta* du réalisateur suisse Daniel Schmidt. Là encore, le public ne vient pas.

Depardieu commence à avoir des difficultés d'argent. La petite maison de production qu'il vient de créer est au bord de la ruine.

Dewaere, lui, qui tourne moins, devient le nouveau jeune premier français, grâce au *Juge Fayard dit le Shérif* de Boisset, du cinéma politique à succès. Et tandis que Depardieu commence à être reconnu en Italie et aux États-Unis, Dewaere, lui, reste le favori des jeunes Français et surtout des jeunes Françaises

Dernière rencontre

Les deux acteurs, qui sont restés amis malgré cette concurrence, vont se retrouver en 1978, dans le nouveau film de Bertrand Blier, *Préparez vos mouchoirs*.

Blier reprend à peu près l'histoire qui lui avait si bien réussi dans *les Valseuses*. Deux hommes se partagent une femme. Mais cette fois, ce ne sont pas deux voyous.

Dans ce film d'une joyeuse intelligence, Depardieu joue un brave moniteur d'auto-école qui voudrait que tout le monde ait son permis de conduire. Mais sa femme, Carole Laure, est toujours triste et malheureuse. Il demande à un professeur de gymnastique, Patrick Dewaere, de l'aider à lui faire retrouver la joie de vivre. Ils n'y arriveront pas.

Cette nouvelle rencontre Dewaere-Depardieu était très attendue par le public français. Cette fois-ci, pas de scandale, tout le monde est d'accord, *Préparez vos mouchoirs* est un beau film, drôle et triste à la fois. Il gagne même, à Hollywood, l'oscar* du meilleur film étranger. Dewaere rentre en France pour retrouver son cher café-théâtre et aider, pour leurs deuxièmes films, deux jeunes réalisateurs français qui feront bientôt parler d'eux, Jean-Jacques Annaud et Alain Corneau.

Depardieu, de son côté, reste aux États-Unis. Veut-il tenter sa chance à Hollywood, comme de nombreux acteurs français avant lui ? Pas encore... C'est à New York qu'il se rend pour tourner à nouveau avec Marco Ferreri : *Rêve de singe*. Mais il se fâche avec le réalisateur italien.

« Tu joues au professeur, écrit-il à Ferreri, tu fais le donneur de leçons... J'en ai assez des idées... Tu es tout le temps à t'interroger sur l'homme, à dire qui il est, ce qu'il devient : "l'homme il est comme ça, parce que ça, ça veut dire ça..." Il vaut mieux s'en prendre aux détails, à la surface des choses... »

Depardieu, après *Rêve de singe*, ne veut plus de ce cinéma intellectuel qui pense trop et ne raconte pas assez. Il revient en France, après un petit passage en Italie dans *le Grand Embouteillage* de Luigi Comencini.

LA VRAIE FIN DES *VALSEUSES*

Les quatre films français qu'il va tourner en 1979 et 1980 sont tous réalisés par ces auteurs « nés » en 1974, après *les Valseuses* : Jacques Rouffio, avec sa joyeuse et méchante comédie, *le Sucre*, Alain Jessua et sa fable fantastique, *les Chiens*, Bertrand Blier, à nouveau, avec *Buffet froid*, et enfin Maurice Pialat avec *Loulou*.

Cette fois, il n'y a plus de doute. Depardieu est devenu le plus célèbre comédien de sa génération, loin devant Dewaere et tous les autres. Et personne ne s'étonnera quand, en 1980, Gérard Depardieu recevra le César* du meilleur acteur pour son rôle dans *le Dernier Métro* de François Truffaut.

Maintenant, comme le boxeur qu'il aurait pu être, Depardieu va changer de catégorie et affronter des acteurs poids lourds : Delon, Belmondo ou Yves Montand.

Le triomphe de Depardieu n'est sans doute pas la raison du suicide de Patrick Dewaere en 1982. Mais c'est à partir de cette date, avec *Danton* et *le Retour de Martin Guerre*, que Gérard Depardieu, seul en tête, va vraiment commencer sa carrière internationale.

« Je t'ai toujours connu écorché vif, écrit-il à son ami mort, dans *Lettres volées*. Pendant le tournage des Valseuses, nous dormions dans le même hôtel. Un soir, j'étais en train de chercher le sommeil quand j'entends soudain des plaintes, des gémissements... Puis, d'un seul coup, la porte de ma chambre a explosé. Je te revois devant moi, les yeux ronds. Tu (me dis) :

– Je croyais qu'elle était avec toi.

– Mais qui ?

– Miou-Miou.

[...] Tu pleurais. Tu te faisais du mal dans ton coin. Tu t'étais (perdu) dans un chapitre des *Valseuses*... Tu confondais ta vie et le métier d'acteur... J'ai toujours senti la mort en toi. »

La lettre de Depardieu à Patrick Dewaere est sans doute la plus émouvante qu'il ait écrite. Mais lui aussi refait « un chapitre des *Valseuses* » en l'écrivant. Il semble en colère contre lui-même de n'avoir pas pu empêcher ce suicide, de n'avoir pas su protéger son ami. Car, pendant les huit ans qui ont suivi *les Valseuses*, Dewaere lui téléphonait souvent au milieu de la nuit, comme pour l'appeler au secours. Et bien sûr Depardieu avait d'autres choses à faire, beaucoup d'autres choses.

Avec la mort de Dewaere il a peut-être perdu une partie de lui-même.

Avec Michel Piccoli, dans *René la Canne*, de Francis Girod, et dans *La nuit, tous les chats sont gris*, de Gérard Zingg.

Aux côtés de la belle Carole Laure dans *Préparez vos mouchoirs*, de Bertrand Blier.

CHAPITRE 5

ALPHONSE TRAM CONTRE LOULOU

En cette année 1980, Gérard Depardieu se trouve, comme il aime à le répéter «en état d'abondance [1]». Il ne s'agit plus de ses problèmes d'argent, maintenant réglés, mais plutôt de son grand appétit de films, de son envie de découvrir de nouveaux réalisateurs, de nouveaux rôles. Une abondance qu'il semblait avoir un peu perdue depuis ses quelques échecs et qu'il a retrouvée avec *Buffet froid*, de son ami Bertrand Blier.

LES MARX BROTHERS DE BLIER

Grâce au triomphe international de *Préparez vos mouchoirs*, Blier a toute la liberté de faire ce qu'il veut. Le résultat est *Buffet froid*, un film drôle, poétique, absurde, mais où passe une grande angoisse, une peur de la mort et de l'amour, thème que l'on retrouve souvent chez Blier.

Pourtant, il semble que tout le monde se soit vraiment amusé pendant le tournage, à commencer par les acteurs eux-mêmes.

C'est encore une histoire d'hommes qui se promènent sans but dans une société déserte, idiote. Les seules femmes qu'ils rencontrent, ils les tuent. Sauf une : la Mort elle-même, qui a le visage de Carole Bouquet.

Cette fois, ce n'est plus le duo Laurel-Dewaere et Hardy-Depardieu qui s'en va ainsi sur les routes. Ce

---

1. En état d'abondance : il utilise pleinement ses possibilités.

sont plutôt de nouveaux Marx Brothers, des Marx Brothers fous et désespérés, qui tuent sans raison et finiront par s'entretuer, joyeusement.

Aux côtés de Bernard Blier, le père du réalisateur, qui joue un commissaire de police près de la retraite, et de Jean Carmet, petit bonhomme toujours prêt à pleurer chaque fois qu'il assassine une femme, Depardieu joue le personnage d'Alphonse Tram, une grande brute dont le couteau se plante sans qu'il le veuille dans le ventre ou dans le dos de toute personne qui passe.

Contrairement aux autres films de Blier, le scénario de *Buffet froid* a été écrit pendant le tournage. Chacun essayait de donner quelque chose en plus à son personnage. Ainsi c'est Depardieu qui habille Alphonse Tram de ce manteau gris qu'il ne quitte jamais. Pourquoi ce tueur a-t-il l'air d'avoir toujours froid ? Pourquoi refuse-t-il aussi, autre invention de Depardieu, de fermer les portes derrière lui ? Avec de petits détails comme celui-là, l'acteur va donner à son personnage, une richesse poétique, une humanité, un mystère exceptionnels. C'est peut-être cela que Depardieu appelle « un état d'abondance »...

BAGARRE AUTOUR D'UNE CAMÉRA

Buffet froid à peine fini, Depardieu part rejoindre Maurice Pialat sur le tournage de *Loulou*. Il sait qu'il ne va pas s'amuser autant qu'avec les deux Blier et son copain Jean Carmet. Plus question de parler de bon vin et de bonne cuisine entre deux scènes.

Tout le monde dit, dans le monde du cinéma, que Maurice Pialat est brutal avec ses acteurs. Ses colères sur le plateau sont célèbres. Depardieu se prépare à la bagarre. Il n'a rencontré Pialat qu'une fois, un peu après *les Valseuses*, pour un film qui ne s'est jamais fait.

Craint par les acteurs, méprisé par la critique, mal connu du grand public, ce réalisateur est pourtant

En tueur frileux, entre Bernard Blier à gauche et Jean Carmet à droite, dans *Buffet froid* de Bertrand Blier.

considéré comme un espoir du cinéma français. Un espoir âgé de cinquante-cinq ans et qui a quatre films derrière lui. C'est peu, mais Pialat a longtemps été peintre. De plus il tourne lentement. En 1971, son deuxième film, *Nous ne vieillirons pas ensemble*, avait été choisi pour représenter la France au festival de Cannes. Et son acteur principal, Jean Yanne, avait reçu le prix d'interprétation* masculine.

Cela s'était pourtant très mal passé entre Yanne et Pialat, qui avaient fini par s'injurier par l'intermédiaire des journaux. La même chose va se produire entre Pialat et Depardieu. Pour l'acteur, le tournage se passe comme un mauvais rêve. Pour le réalisateur, le jeu de Depardieu est une déception. Et ils vont se le dire haut et fort, grâce à la télévision et aux radios, très heureuses de tout ce bruit. Un vrai combat de boxe !

Avec Isabelle Huppert, dans un film de Maurice Pialat, *Loulou,* **une histoire d'amour qui finit mal.**

– Depardieu, c'est un camion avec un moteur de bicyclette, lance Pialat du poing gauche.

– Pialat fait régner sur le plateau une espèce de mollesse, ce qui est très difficile pour un acteur, réplique Depardieu du poing droit.

– J'avais rêvé d'avoir Jacques Dutronc pour jouer *Loulou*. C'est le plus grand comédien français. Depardieu, lui, en fait un peu trop [1].

– Avec *Loulou*, Pialat parle de ce qu'il ne connaît pas. Moi, les voyous, la banlieue, je sais ce que c'est...

Ce dernier coup de Depardieu paraît le plus intéressant de tout cet aimable dialogue. Car son personnage de Loulou lui a sans doute appris beaucoup de choses sur lui-même, des choses qu'il n'avait pas envie d'entendre. Et cela, il ne le pardonne pas à Pialat. Pas encore...

UNE TROP DURE VÉRITÉ

Loulou est un brave garçon, cheveux longs, épaules carrées, blouson de cuir. Ce n'est pas le voyou révolté des *Valseuses*. Lui, il ne fait rien de sa vie et il est bien comme ça. Paresseux, il va toujours dans le même bistrot, plaisante avec ses copains, se bagarre quand il a trop bu, vole un peu quand il a besoin d'argent et laisse les filles lui courir après. Un soir, dans un bal, il rencontre Nelly (Isabelle Huppert), mariée à un publicitaire (Guy Marchand). La jeune femme de bonne famille tombe amoureuse de lui. Comme d'habitude, il se laisse faire. Mais le jour où Nelly comprendra qui est vraiment Loulou, il sera trop tard...

Le génie de Pialat est de mettre ses personnages à nu, de les montrer dans leur vérité la plus précise, la

---

1. En faire trop : jouer son rôle en exagérant.

plus cruelle. Au risque de révéler aussi la vérité profonde des acteurs. Pour y arriver, Pialat les dirige de façon peu ordinaire. Il ne leur explique jamais pourquoi le personnage fait ceci ou cela, ni comment prononcer telle ou telle phrase. Il ne leur donne que des ordres « techniques » : « mets-toi ici... regarde par là... marche jusqu'à la porte, etc. »

Alors qu'on a cru longtemps que Pialat improvisait et laissait improviser ses acteurs, chaque scène, chaque réplique, chaque mouvement de caméra sont préparés à l'avance, avec précision. Le réalisateur sait exactement comment et pourquoi vivent ses personnages. Mais ce sera à l'acteur de le découvrir tout seul.

C'est pourquoi rien ne va jamais. Il faut recommencer la scène dix fois. Les journées n'en finissent pas. Les acteurs se croient toujours en danger.

Selon Isabelle Huppert, pendant le tournage de *Loulou*, Pialat le faisait exprès ! Ses colères, ses silences étaient parfaitement calculés. Puis, tout d'un coup, il abandonnait ses acteurs devant la caméra : « Moteur ! ». Seuls face à eux-mêmes, ils trouvaient enfin la réalité profonde de leur personnage.

« Le cinéma, dit Pialat, c'est la vérité du moment où l'on tourne. »

À l'époque de *Loulou*, au contraire d'Isabelle Huppert, Depardieu n'avait pu comprendre cela. Car même si, comme il l'avait affirmé, Pialat « ne connaissait rien aux voyous », le réalisateur a réussi à mettre sous les yeux de l'acteur et du public une image difficile à supporter : derrière Loulou, on voit clairement ce qu'aurait pu devenir Gérard Depardieu si, un jour, il y a longtemps, il n'avait pas poussé la porte d'une école de théâtre...

CHAPITRE 6

STAR OU ACTEUR

Depardieu et Pialat vont rester fâchés quatre ans. Et pendant ces quatre ans, l'acteur va aller à la rencontre de metteurs en scène qu'il ne fréquentait pas jusqu'à présent, dans des rôles et des histoires où l'on n'avait pas l'habitude de le voir.

Loulou l'aurait-il blessé plus qu'on ne le pense ? En tout cas, Depardieu prend moins de risques dans le choix de ses films, même si ce sont pour la plupart des œuvres honnêtes, de bonne qualité. Mais il est vrai qu'il est difficile de faire mieux que *Buffet froid* et *Loulou*. Deux chefs-d'œuvre l'un après l'autre ! Depardieu mériterait de se reposer un peu.

1980, L'ANNÉE RECORD

Se reposer, Depardieu ? Certainement pas en cette année 1980. En plus de *Loulou*, il tourne dans cinq autres films : six au total, son record !

Le voici d'abord dans *Rosy la Bourrasque*. Mais son auteur, Mario Moniccelli, le maître de la comédie italienne, a un peu vieilli.

Il passe alors au film d'Alain Resnais, *Mon Oncle d'Amérique*, avec une foule de stars qui essaient de défendre en vain le scénario ou plutôt le cours en Sorbonne du professeur Henri Laborit, un scientifique qui a écrit les dialogues.

Depardieu serait-il attiré de nouveau par ses chers intellectuels à qui il voudrait tant ressembler ? Pas du tout ! Il joue maintenant un gangster face à Coluche dans la comédie policière de Claude Zidi, *Inspecteur la Bavure*. Une comédie qui ne fait rire que les admirateurs de Coluche. D'ailleurs, Depardieu ne peut guère montrer sa propre force comique face au fantaisiste qui occupe tout l'écran.

En même temps, il joue dans *Je vous aime*, de Claude Berri. Mais Berri, producteur courageux, a bien déçu comme réalisateur. Dire que Pialat voyait en lui le nouveau Truffaut ou le nouveau Pagnol ! D'ailleurs, les deux metteurs en scène ne se parlent plus. Est-ce pour ça que Depardieu est venu faire un petit tour dans ce film plutôt sympathique ?

Pour ces quatre films, les salles sont pleines, le public vient en masse. La présence de Depardieu y est pour beaucoup.

Année record, l'année 1980 ne semble pas la meilleure en qualité. Mais n'oublions pas *Loulou* d'un côté et *le Dernier Métro* de l'autre...

Un césar dans la lumière

Bizarrement, Gérard Depardieu et François Truffaut ne s'étaient jamais rencontrés avant *le Dernier Métro*. Pourtant les deux hommes se ressemblent sur bien des points.

« Nous nous sommes compris très vite, car nous sommes deux voyous », affirme Depardieu.

Truffaut aussi est un enfant de la rue. Il avait raconté cette enfance difficile dans *les Quatre Cents Coups* en 1959, son premier long métrage* récompensé au festival de Cannes. Véritable chef de la Nouvelle Vague à la fin des années cinquante, il dénonce avec violence le cinéma de l'époque. Son troisième film, *Jules et Jim*, qui fera beaucoup de bruit en 1961, a peut-être inspiré le Blier des *Valseuses*. Mais dans ses films suivants, observations de la vie quotidienne et études de caractères, on peut voir déjà du

Maurice Pialat. Les cinéastes du «réveil de 1974» lui doivent tous un peu quelque chose, même si Truffaut s'était alors quelque peu endormi.

Le Dernier Métro est une réflexion sur le théâtre et un chant d'amour aux acteurs. Durant l'occupation allemande de 1940-1945, le directeur d'un théâtre parisien, un Juif d'origine allemande s'est caché dans la cave, juste en dessous de la scène pour échapper aux Nazis. De là, il dirige sa troupe en secret, grâce à sa femme (Catherine Deneuve). Il lui demande d'engager un jeune acteur du nom de Bernard Granger (Depardieu). Dans ce monde où on se cache, où on a peur, Granger parle fort, gifle un critique trop ami des Allemands, court après les petites actrices. Même Catherine Deneuve, oubliant un instant son mari dans la cave, tombe dans les bras de cet homme plein de vie et d'énergie. Mais à la fin du film, un rideau de théâtre tombe sur l'écran. Les acteurs viennent saluer. Cette histoire était donc fausse... Est-ce du théâtre ou du cinéma ? Est-ce Depardieu ou Granger, son personnage, qui est venu en aide à Catherine Deneuve ? Est-ce lui ou le personnage qu'il joue qui a permis de faire cette pièce... ou ce film ? Tout se mélange, le vrai et le faux, l'art et la réalité.

Loulou montrait ce qu'aurait pu devenir Depardieu sans le théâtre. *Le Dernier Métro* raconte ce qu'il est devenu : un comédien mais aussi une star qui tire tout le monde vers la lumière.

Le film de Truffaut reçut, en 1981, dix césars, récompense française faite à l'imitation des oscars américains. Encore un record qui ne sera égalé que dix ans plus tard par... *Cyrano de Bergerac*. Et, en 1981 comme en 1991, le césar du meilleur acteur reviendra à Gérard Depardieu.

Lors de la cérémonie de remise des césars, le Gégé de Châteauroux, le Pétar de la rue Mouffetard monte sur la scène, sous les applaudissements de tout le cinéma français, pour recevoir sa récompense. Il éclate de son drôle de rire d'écolier pris en faute avant de remercier le réalisateur, le producteur et tous les autres. On s'attendait à mieux. Depardieu deviendrait-il une star comme les autres ?

TOUS LES RÔLES, TOUS LES GENRES

Justement, aux débuts de ces années quatre-vingt, Alain Delon veut casser sa vieille image de star, héros au visage de pierre tenant toujours le même revolver. Il produit le dernier film de Bertrand Blier, *Notre Histoire*, et il y joue de façon extraordinaire un représentant de commerce ivrogne perdu dans un mauvais rêve.

De son côté, fatigué de ses films d'aventure plus ou moins comiques, Jean-Paul Belmondo revient au théâtre. Il joue *Kean*, d'Alexandre Dumas, adapté par Jean-Paul Sartre.

Désormais, la star cantonnée dans les mêmes rôles, montrant toujours la même image, n'intéresse plus les foules. Il semble qu'elle n'ait jamais intéressé Gérard Depardieu non plus.

Pourtant, à partir du triomphe du *Dernier Métro*, il ralentit le rythme de ses films, comme s'il voulait se faire plus rare. C'est ce que faisaient jadis Delon et Belmondo : un film par an, pas plus, pour prendre bien soin de cette fameuse image et surtout pour ne pas fatiguer le public.

Mais même quand il ralentit, Gérard Depardieu va encore très vite : une moyenne de deux à trois films par an.

Et puis, a-t-il vraiment une image ? Il en change à chaque film. En cette année 1981, il est en même temps tueur fou face à Yves Montand dans *le Choix*

Le Dernier Métro, de François Truffaut : Gérard Depardieu et Catherine Deneuve.

Pour ce film, Gérard Depardieu reçoit le césar du meilleur rôle masculin.

Danton, du Polonais Andrzej Wajda. Le premier grand personnage historique joué par Gérard Depardieu.

des armes d'Alain Corneau et amoureux passionné de Fanny Ardant dans *la Femme d'à côté* de François Truffaut, puis il redevient «le gros» d'un nouveau duo comique face à Pierre Richard dans *la Chèvre* de Francis Veber.

Un film policier, une histoire d'amour, une comédie. On commence à comprendre... Ce que cherche Depardieu, en passant ainsi sans s'arrêter d'un film à l'autre, c'est la variété des rôles, des genres, des réalisateurs, même s'il reste fidèle à la plupart d'entre eux. Et aujourd'hui encore, en 1993, il alterne avec soin rôles, genres et réalisateurs.

Quand il se sent prisonnier d'une image qu'on veut lui donner, immédiatement, il part dans une autre direction. Il fait exactement le contraire de ce que doit faire une star. Sans doute parce qu'il veut rester avant tout un acteur. Et un acteur doit pouvoir tout jouer. Une star, elle, ne joue que de son image.

DANTON OU DEPARDIEU AU TRAVAIL

Avec *Danton*, du cinéaste polonais Andrzej Wajda, en 1983, Depardieu joue son premier rôle de grand personnage historique. Viendront ensuite le sculpteur Auguste Rodin, Christophe Colomb bien sûr, en attendant, parmi ses projets, Rabelais, Raspoutine, et peut-être même Napoléon...

«Je ne connaissais rien de Danton», déclare Depardieu à qui veut l'entendre.

Certes, il est tout à fait probable que le Gégé de Châteauroux n'a jamais été un spécialiste de la Révolution française. Mais il dira la même chose de Christophe Colomb, ou des œuvres littéraires d'où sont tirés les films dans lesquels il joue. «Je ne connaissais rien à Rostand, je ne connaissais rien à Bernanos...»

Ce discours est celui que son public attend. Pour beaucoup de gens, Depardieu ne doit montrer que son image de gentil garçon, moitié paysan, moitié voyou, bien français, «bien de chez nous», ignorant et sans problème : Loulou, en somme ! Mais pendant que la star «copain de bistrot» amuse les journalistes, l'acteur, le comédien se met au travail très sérieusement.

«J'ai lu toutes les biographies [1] (sur Danton)... Ce personnage était si loin de moi dans son désir et ses volontés, que j'ai essayé de le rendre un peu plus humain, voilà. Je prends des caractères en général excessifs [2] pour leur redonner leur part d'humanité. »

Bref, il se met «en état d'abondance».

Georges Danton, né en 1759 et mort en 1794, est l'un des hommes les plus importants de la Révolution française. Cet avocat, parfois peu honnête, aux discours très populaires, s'opposa à l'intransigeant Robespierre qui voulait une république parfaite, dirigée par des gens tout aussi parfaits. Robespierre finit par triompher et fit régner la Terreur. Danton, peu à peu isolé avec ses partisans, fut arrêté et exécuté.

Si Wajda se sent moins à l'aise dans cet épisode de la Révolution française que dans les difficultés de la Pologne de son temps, Depardieu, lui, va entièrement entrer dans le rôle, il va devenir Danton et faire de ce film «son» film.

«Wajda, raconte Depardieu, voulait montrer les trois derniers mois de la vie du personnage. J'aimais beaucoup l'idée [...] Il voulait que j'aie l'air extrêmement fatigué. Bon, moi, je ne connais qu'un seul moyen pour ça : la boisson. »

Le voilà donc qui arrive sur le plateau, non seulement en état d'abondance, mais aussi en état d'ivresse !

---

1. Biographie : livre racontant la vie d'une personne.
2. Excessif (adj) : qui fait tout de manière exagérée.

Quand on emmène Danton dans une voiture jusqu'à la guillotine [1], il faut attacher Depardieu pour ne pas qu'il tombe.

– Je t'ai demandé d'être fatigué, proteste Wajda, pas d'être ivre mort.

Depardieu, sous l'influence de l'alcool, se rend tellement désagréable que toute l'équipe finit par le détester.

«Cela a servi la scène du procès. Je l'ai tournée en une seule fois, avec la haine, et ma voix s'est cassée au bon moment. C'est tout. Je ne pense pas avoir réussi quelque chose d'extraordinaire.»

Danton-Depardieu est emmené devant les juges. Sa seule arme, c'est la parole. Il faut qu'il parle, il faut qu'il demande l'aide des Parisiens présents dans la salle. Alors, la ville le sauvera et se battra contre Robespierre. Il se tourne vers la foule, parle sans cesse, crie, lance une grosse plaisanterie, lève le poing. C'est la voix de la Révolution, la voix du peuple. Il ne doit pas s'arrêter de parler, sinon, ce sera fini, on lui coupera la tête. Robespierre aura gagné. Mais sa voix se casse, plus personne ne l'entend. Il a perdu.

«*J'ai travaillé cette scène longtemps dans mon jardin*, raconte encore Depardieu. *Cela a été pensé, digéré. La seule chose que je ne voulais pas calculer, c'était le moment où la voix se casserait.*»

Cette longue scène du procès de Danton est tellement belle, tellement réussie, qu'à sa sortie dans les salles de cinéma, il se passera une chose extrêmement rare : les spectateurs applaudiront en plein milieu du film, comme on applaudit un chanteur à l'Opéra.

---

1. Guillotine : machine qui servait à couper la tête des condamnés.

CHAPITRE 7

TARTUFFE ET CYRANO

Quand le film de Wajda est présenté aux États-Unis, tout le monde remarque cet étonnant Danton. Par ailleurs, en même temps, arrive en Amérique un autre film avec Depardieu qui se passe, lui, au XVIᵉ siècle : *le Retour de Martin Guerre* de Daniel Vigne. Les grands magazines *Times* et *Newsweek* publient la photo de l'acteur sur leur couverture. Depardieu sera-t-il le nouveau Maurice Chevalier, le nouvel Yves Montand, les deux seuls acteurs masculins français à avoir réussi à Hollywood ? On parle même, à tort, d'un oscar pour l'un de ces deux rôles. Mais Depardieu est déjà retourné en France.

LE SALAIRE DE *TARTUFFE*

Le public n'a vu que trois films avec Depardieu en 1983. Il n'y en aura que deux en 1984. Et ces deux films-là sont loin d'être ses meilleurs !

Fort Saganne est une de ces grosses machines à grand spectacle que les producteurs français ont parfois envie de fabriquer, machines qui devraient en principe rapporter beaucoup d'argent. Pour cela, ils n'hésitent pas à ouvrir tout grand leur portefeuille. Les télévisions s'y mettent aussi. On prend les acteurs les plus célèbres du moment : ici, ce sera Catherine Deneuve, Philippe Noiret, et quelques autres entourant le rôle principal, Gérard Depardieu. On choisit un metteur en scène sûr, très classique* et qui connaît bien son métier. Alain Corneau leur semble idéal. Lui aussi a contribué au réveil des années soixante-dix. Ses films policiers, dont *le Choix des armes* avec Depardieu, Montand et Deneuve, sont toujours passionnants, bien faits et bien joués. Troisième choix des producteurs, une belle histoire d'amour et d'aventure. Cette fois, cela se passe en Afrique dans le désert du Sahara, vers 1930 : grands espaces, grandes batailles à dos de dromadaire [1], soldats héroïques, belles dames toujours bien coiffées même sous la plus terrible tempête de sable, traîtres affreux...

Il faut être le plus triste — et le plus menteur — des critiques pour ne pas reconnaître, en sortant du cinéma, avoir pris deux heures de plaisir dans ces aventures sans prétention. Grand succès populaire, donc, pour *Fort Saganne*, où Depardieu-star dirige son dromadaire comme s'il n'avait fait que cela toute sa vie.

Depardieu-star encore, la même année, dans *Rive droite, rive gauche*, film policier sans grand intérêt du journaliste-romancier-cinéaste Philippe Labro. Depardieu y gagne six millions de francs. Jamais aucun acteur français n'avait touché une telle somme, pas même Delon ou Belmondo. La célébrité d'un acteur se mesure aussi à l'argent qu'il gagne. Depardieu l'emporte sur ses deux concurrents directs.

On ne peut pas dire que dans *Fort Saganne* ou *Rive Droite, rive gauche*, il se fatigue beaucoup à aller «chercher l'humanité profonde de ses personnages», comme il le dit souvent. Ce sont deux héros courageux, honnêtes. Eh bien, il le sera aussi, ni plus ni moins. Avec ces deux films commerciaux, et après le triomphe de *Danton*, on peut croire que Depardieu va s'installer tranquillement dans son fauteuil de star.

---

1. Dromadaire : grand animal avec une bosse sur le dos, qui sert à transporter les hommes et les marchandises dans le désert.

Eh bien, non, il surprend, encore une fois. On le trouve où on ne l'attendait plus : au théâtre. Et pas à Paris, où viendraient défiler dans sa loge [1] ministres, chanteurs et journalistes, mais à cinq cents kilomètres de la capitale. Et pas non plus avec un metteur en scène à la mode, mais avec Jacques Lasalle, qui dirige dans son coin le théâtre de Strasbourg.

En 1984, Depardieu n'est pas remonté sur une scène depuis cinq ans. Depuis *les Valseuses*, il n'avait joué qu'une seule pièce en 1978, *Les gens déraisonnables sont en voie de disparition*, de Peter Handke. C'était l'époque où sa carrière au cinéma hésitait et où ses premiers essais de producteur avaient connu un échec financier.

À ses débuts, Depardieu avait joué dans dix pièces — sans compter le café-théâtre. Mais, pour la première fois, au sommet de sa gloire, il va interpréter* un classique*, *Tartuffe*, l'une des plus célèbres pièces de Molière. L'accompagnent dans cette aventure, François Perrier, un comédien que Depardieu admire, et Élisabeth, qui avait depuis longtemps arrêté le théâtre. Élisabeth Depardieu rejouera une deuxième fois avec son mari dans le film de Claude Berri, *Jean de Florette*.

Pour les critiques de théâtre qui n'avaient jamais vu Depardieu sur une scène auparavant, ou qui l'avaient oublié, c'est une révélation. «Jamais depuis Louis Jouvet, écrit l'un d'eux, on n'avait vu une telle interprétation de Tartuffe.»

Louis Jouvet, le maître absolu du théâtre des années 1930-1950 ! La comparaison n'est pas absurde. Comme Depardieu, Jouvet réussissait à marier une voix et un jeu de comédien de théâtre au réalisme demandé à l'acteur de cinéma.

---

1. Loge : petite pièce dans un théâtre, où les comédiens se préparent.

Gérard Depardieu, derrière la caméra, filmant *Tartuffe* **dont il joue le rôle.**

Et, après les six millions reçus pour jouer dans *Rive droite, rive gauche*, Depardieu pourrait répéter cette phrase de Jouvet : «Le cinéma me permet de payer mon théâtre...»

*L*A GUERRE DE *POLICE* N'AURA PAS LIEU

Ce retour sur scène est-il un nouveau tournant dans la carrière de Depardieu ? Va-t-on le voir bientôt à la Comédie-Française* ? Pas encore. On apprend que Depardieu, tout en jouant la pièce, s'est mis derrière la caméra et a filmé «son» *Tartuffe*. Voudrait-il devenir maintenant réalisateur ?

«Peut-être un jour... répond-il, prudent. En filmant *Tartuffe*, je voulais simplement fixer à jamais pour moi et ceux qui m'aiment un des plus grands moments de ma vie d'acteur.»

En commissaire de police face à Sophie Marceau en jeune voleuse, dans *Police* de Maurice Pialat.

«Ceux qui l'aiment» sont nombreux à venir regarder le premier film du cinéaste Depardieu, qui proteste que son *Tartuffe* n'est jamais que du théâtre filmé.

En attendant de devenir un jour réalisateur, il revient au cinéma des autres. *Tartuffe* va donner un nouveau souffle à l'acteur qui cessera d'être, pendant cinq ans, la star des grosses machines commerciales.

Cela commence par une nouvelle qui enflamme journaux et télévisions. Depardieu et Pialat tournent ensemble un deuxième film. Comme deux amis, deux frères ! Inséparables ! Est-ce un «coup» de publicité pour lancer *Police* ? Pas seulement. Le triomphe de *Danton* et le retour au théâtre de Depardieu y sont aussi pour beaucoup. De son côté, Pialat a fait un nouveau chef-d'œuvre, en 1983, *À nos amours*. Depuis, tout le monde est d'accord : c'est le plus grand réalisateur français du moment.

Nos deux boxeurs de *Loulou* sont désormais de force égale. Le combat va pouvoir recommencer ! Mais hélas pour les journalistes, il n'aura pas lieu.

Comme toujours avec Pialat, l'ambiance sur le plateau est difficile. Le premier jour, le réalisateur donne à Depardieu quatorze pages à apprendre : c'est un vrai interrogatoire de police, pas du cinéma. Des questions cent fois répétées : «cette drogue, tu l'as achetée combien, à qui...»

– Mais enfin, Maurice, ce n'est pas possible. Qu'est-ce qu'il y a d'écrit là ? Je ne peux pas apprendre quatorze pages de chiffres comme ça.

– On verra bien, répond Pialat, fidèle à sa vieille méthode : laisser les acteurs seuls face à leur texte.

On a vu ! La scène de l'interrogatoire, au début du film nous fait entrer brutalement dans un commissariat, la nuit. C'est gris, c'est sale, comme un mauvais rêve dont on ne peut pas se réveiller. Le tournage a lieu en hiver. Il fait froid. Pour plus de vérité, Pialat filme dans des petites rues de Paris, à Belleville; acteurs et techniciens travaillent au milieu de vrais trafiquants de drogue. Entre Pialat et Depardieu, tout va bien. L'acteur croit au film. Il est présent même quand il ne joue pas, découvre son texte juste avant de tourner, «le met en bouche» comme on goûte un bon vin, et trouve tout de suite la manière de le dire.

Mais ça ne se passe pas aussi bien avec les deux autres acteurs principaux. Richard Anconina, qui joue un avocat malhonnête, invente parfois un nouveau texte pour faire de son personnage quelqu'un de plus sympathique car son «image» d'acteur est, pour son public, celle d'un garçon gentil. Grande colère de Pialat qui ne veut pas qu'on touche à ses dialogues. Anconina s'en va, revient, s'excuse. C'est pire avec la jolie Sophie Marceau. Pialat l'appelle tout simplement «la grosse idiote». La jeune actrice restera toute seule dans son coin, au fond de sa loge avec son petit chien, jusqu'à la fin du tournage. Cette solitude va faire de son personnage, Noria la jeune voleuse, quelqu'un que personne ne peut comprendre : menteuse, elle joue avec les hommes, ne pense qu'à l'argent, mais au fond n'est qu'une enfant perdue et pitoyable. Le plus beau rôle joué par Sophie Marceau. Elle aussi y trouve sa vérité profonde : Noria sera un peu pour elle ce que *Loulou* fut pour Depardieu.

Pialat, lui, a pris de Sophie Marceau ce qu'il voulait.

ENTRE AMIS

De son côté, grâce à *Tartuffe* et à ce nouveau grand film de Pialat, Depardieu va retrouver pendant cinq ans le cinéma qu'il aime. Le cinéma de ses amis, de sa «famille», comme il dit.

Il vient d'abord en aide, comme producteur et comme acteur, à Daniel Vigne, avec qui il avait connu son autre succès aux États-Unis : *le Retour de Martin*

Guerre. Mais Daniel Vigne veut faire une comédie « à l'américaine ». Malgré la présence de Depardieu et de Sigourney Weaver, son film *Une femme ou deux* (1985) est raté. C'est un échec commercial des deux côtés de l'Atlantique.

Francis Veber, lui, sait faire des comédies très drôles. Certains l'appellent d'ailleurs le Frank Capra français. Grâce à *la Chèvre*, son film tourné avec Depardieu et Pierre Richard, il avait fait rire sept millions de spectateurs en 1981. Même duo, même succès avec *les Compères* en 1985 et *les Fugitifs* en 1986. Veber fait de ses films des mécaniques précises qui provoquent à coup sûr le rire chez le spectateur. C'est du grand comique, digne de Marcel Pagnol [1] ou de René Clair [2]. Depardieu y joue l'homme fort, raisonnable, mais qui est obligé de supporter la maladresse poétique de Pierre Richard, grand maigre aux yeux étonnés par les catastrophes qui lui tombent sur la tête. Malgré la critique et les intellectuels français qui n'aiment ni le rire ni le succès des autres, Depardieu défendra toujours Veber. Il ira même le rejoindre aux États-Unis pour tourner dans son prochain film programmé pour 1993. À Hollywood, Veber est apprécié à sa juste valeur.

Autre amie à aider, Isabelle Adjani. Cela fait longtemps qu'elle se battait pour jouer le rôle de Camille Claudel, cette femme-sculpteur qui aima l'autre grand sculpteur du XIXe siècle, Rodin, et qui mourut folle. C'est en partie grâce à l'aide du producteur Depardieu qu'elle y arrivera enfin en 1988 dans le premier film de Bruno Nuytten : *Camille Claudel*. Depardieu y joue donc Rodin, mais il laisse bien volontiers toute la place sur l'écran à son amie Isabelle.

---

1. Marcel Pagnol (1895-1974) : écrivain et réalisateur français, entre autres de *Marius*, *Fanny* et *César*.
2. René Clair (1898-1981) : grand réalisateur français (*le Million*, *les Grandes Manœuvres...*).

Avec Pierre Richard, dans *les Compères*, **de Francis Veber.**

Puis il retrouve Claude Zidi. Encore un copain ! Ce metteur en scène de comédies populaires veut montrer maintenant qu'il sait aussi raconter des histoires d'amour. Mais *Deux* déçoit le public habituel de Zidi qui retourne à ses comédies...

Gérard Depardieu vient rejoindre maintenant Claude Berri, une autre vieille connaissance. Cette fois, le producteur va prendre d'énormes risques financiers pour son prochain film en deux épisodes, un film qui coûte très cher : *Jean de Florette* et *Manon des Sources*, d'après l'œuvre de Marcel Pagnol. Depardieu-producteur accepte de partager ces risques. Depardieu-star accepte, lui, de laisser les rôles principaux à Yves Montand et Daniel Auteuil dans ce film qui est, selon lui «plein de grands sentiments. C'est vraiment le grand film populaire avec l'esprit de la Provence qui ressemble beaucoup à l'esprit français.»

Daniel Auteuil y est à son tour une révélation. *Jean de Florette* deviendra un succès mondial.

Avec l'argent gagné, Depardieu retourne au théâtre, mais pour jouer dans une vingtaine de villes de province, dans un spectacle de la chanteuse Barbara, une amie, bien sûr : *Lily Passion*, «une chanson un peu plus longue que les autres». Seul sur scène avec elle, Depardieu ne chante pas, mais son nom attire de nombreux spectateurs.

Sept ans sans Bertrand Blier, le père de « la famille» de Depardieu, ça ne pouvait plus durer. Un Blier toujours aussi jeune, toujours aussi provocateur, dans un film qui garde tout le joyeux désespoir des *Valseuses* : *Tenue de soirée*.

Le film va faire beaucoup de bruit dans la salle du festival de Cannes en 1986. Blier a trouvé un remplaçant à Patrick Dewaere : Michel Blanc, un petit homme au cheveu rare lui aussi venu du café-théâtre. Comme il s'était amusé à transformer, dans *Notre Histoire*, la star Alain Delon en un malheureux ivrogne, Blier va faire de Depardieu un gros gangster sentimental qui enlève Michel Blanc à sa femme. Derrière la plaisanterie, c'est toujours le même thème qui revient chez Blier : la difficulté d'aimer dans une société très dure. Mais Depardieu écrit, dans sa *Lettre volée* à Patrick Dewaere : «Je ne peux pas m'empêcher de penser, Patrick, que si tu n'étais pas parti, c'est [avec] toi que j'aurais [joué] dans *Tenue de soirée*.»

SOUS LE SOLEIL DE PIALAT

Décidément, les jeunes réalisateurs qui voulaient tout casser dans les années soixante-dix, sont en pleine forme, dix ans après. Au formidable *Tenue de soirée* qui fait hurler de colère les critiques du festival de Cannes* en 1986, Pialat répond par le splendide *Sous le soleil de Satan*, en 1987. Et toujours avec Depardieu.

Pialat gagnera la Palme d'or, la plus grande récompense du festival. Tout le petit monde du cinéma avait été surpris en apprenant que l'auteur de *Police* et de *Loulou* adaptait* le difficile roman de l'écrivain catholique Georges Bernanos, *Sous le soleil de Satan*, histoire d'un jeune prêtre, l'abbé Donissan, qui essaie avec toute sa force et avec toute sa croyance de sauver une jeune fille entraînée par le mal, par le Diable.

« Impossible d'adapter un tel livre ! » répétait-on. Pialat est d'ailleurs loin d'être un cinéaste religieux ou littéraire. Il n'a jamais mis en image un seul roman. Et Depardieu en jeune prêtre fou de Dieu ! C'est une plaisanterie !

D'autres disent que Pialat avait choisi de tourner *Sous le soleil de Satan* parce que les critiques lui reprochaient surtout des dialogues mal écrits. Mais les gens ordinaires que Pialat met en scène ne parlent pas comme on écrit. Autre reproche : ses scénarios seraient mal construits et il ne saurait pas finir un film. Mais la vie de tous les jours n'est pas une histoire bien construite et ne s'arrête pas quand apparaît le mot « Fin » sur l'écran.

En restant extrêmement fidèle à l'œuvre de Bernanos, Pialat montre cette fois qu'il sait tout faire, même adapter des romans difficiles, avec des dialogues très littéraires. Le résultat : *Sous le soleil de Satan* est un nouveau chef-d'œuvre, mais totalement différent du reste de ses films. Depardieu, quant à lui, a bouleversé le public en abbé Donissan.

Le jour où le *Soleil de Satan* reçoit la Palme d'or, les critiques dans la salle se mettent à siffler. Accompagné par un Depardieu hilare [1], Pialat monte sur la scène du Palais des Festivals. Le réalisateur se tourne vers le public en lui montrant le poing : « Je vois que vous ne

---

1. Hilare : avec un large sourire.

Dans le rôle d'un jeune prêtre tourmenté, dans le très beau film de Maurice Pialat, *Sous le soleil de Satan*.

m'aimez toujours pas. Eh bien moi, je ne vous aime pas non plus. Et je ne vous ai jamais aimés.»

Et il s'en va, sa Palme d'or sous le bras, vers son prochain film, *Van Gogh*, avec Jacques Dutronc. Bertrand Blier lui répondra par *Trop belle pour toi*, avec Gérard Depardieu dans le rôle principal.

Le cinéma français n'est pas près de se rendormir.

GREEN CARD POUR CYRANO

En cette année 1989, Gérard Depardieu, après la présentation de *Trop belle pour toi* et le nouveau film d'Alain Resnais, *I want to go home*, joue pour la première fois avec Jean-Paul Rappeneau. Ce réalisateur ne tourne qu'un film tous les cinq ans. Au total, en vingt-cinq ans, quatre comédies seulement, mais toutes drôles et pétillantes. Cette fois, Rappeneau adapte au

Cyrano de Bergerac, adapté pour le cinéma par
Jean-Paul Rappeneau.

Green Card, de l'Australien Peter Weir, aux
côtés de Andie Mac Dowell.

cinéma une pièce de théâtre jouée des centaines de fois depuis un siècle : *Cyrano de Bergerac*, d'Edmond Rostand. Les plus grands comédiens français ont tous voulu interpréter sur scène le rôle principal. En 1989, Jean-Paul Belmondo lui-même répète la pièce dans le théâtre parisien qu'il vient d'acheter. De quoi donner envie à Depardieu de jouer Cyrano au cinéma !

L'histoire de *Cyrano de Bergerac* se passe au XVIIe siècle. Cyrano est un noble pauvre, honnête et courageux, soldat et poète. Il est amoureux de sa belle et intelligente cousine Roxane. Mais Cyrano est laid : son nez est énorme. Roxane est «trop belle pour lui». De plus, elle est amoureuse d'un certain Christian, soldat dans la même armée que Cyrano, beau garçon, mais pas très malin. Cyrano va se sacrifier. Il écrira même, à la place de Christian, de belles lettres d'amour à Roxane et les aidera à se marier. Mais un jour, Christian va mourir à la guerre...

«Ce que j'ai aimé par dessus tout dans *Cyrano*, raconte Depardieu, c'est parler à travers lui, pour la première fois, d'un problème que je connais bien : la capacité d'amour et en même temps l'incapacité à s'aimer soi-même.»

Ce n'est pas la première fois que Depardieu avoue ne pas s'aimer. Déjà, après *Tenue de soirée*, un journaliste lui avait demandé :

– Et votre physique ? Vous êtes trop gras, trop grand, toujours à vous cogner partout...

– Ça me fait beaucoup de mal quand on m'attaque sur mon physique. On ne peut pas échapper à sa vérité. Alors j'essaie de me rendre beau et intéressant.

En tout cas, *Cyrano de Bergerac* connaît un immense succès en France, en 1990. On oppose vite Belmondo à Depardieu comme on lui avait opposé Dewaere. Aux États-Unis aussi, le film fait un triomphe : six millions de dollars gagnés. Chiffre raisonnable, sans plus, pour un film américain, mais exceptionnel pour un film étranger.

Cette fois Depardieu est décidé : il part à la conquête d'Hollywood. Le temps de finir un nouveau film de Claude Berri et il joue enfin, en anglais, sous les ordres du metteur en scène Peter Weir, son premier film américain : *Green Card* (1991), l'histoire d'un Français à New York qui, pour obtenir la carte verte, la *green card* qui lui permettra de rester, doit se marier avec une Américaine jouée par Andie Mac Dowell. Cette charmante comédie plaît beaucoup aux Américains. Pas un Français ne peut désormais arriver à New York ou à Los Angeles sans qu'on lui demande si *Dopa'diew*[1] a enfin sa *green card*.

En France, au contraire, le film n'a aucun succès, comme si le public était fâché et demandait à son «Gégé national» de revenir au pays.

Il revient, Gégé, mais pas pour longtemps. Juste assez pour jouer un petit rôle dans le film de Blier, *Merci la vie*, puis d'interpréter avec son fils Guillaume Depardieu et aux côtés de Jean-Pierre Marielle, un grand musicien du temps passé dans *Tous les matins du monde* d'Alain Corneau — nouveau réalisateur entré dans sa «famille» depuis *Fort Saganne*. Ce dernier film aura un succès qui dépassera largement l'hexagone.

Ouf ! Depardieu part enfin en vacances dans une île de l'océan Indien. En vacances ? Non, c'est pour tourner dans une comédie de Gérard Lauzier, *Mon père ce héros*.

Puis il repart pour les États-Unis, en avion, bien sûr, mais, dans sa tête, à bord d'une caravelle, le bateau avec lequel Christophe Colomb découvrit l'Amérique.

---

1. Dopa'diew : façon dont les Américains et les Anglais prononcent «Depardieu».

CHAPITRE 8

QU'EST-CE QUI FAIT COURIR DEPARDIEU ?

1992 : Depuis plus d'un an, des centaines de livres sont sortis des maisons d'édition, comme autant de bougies sur le gâteau du cinq centième anniversaire de la découverte de l'Amérique par Christophe Colomb. Au cinéma, deux films devaient célébrer l'événement. L'un devait être fait par un réalisateur américain, avec des dollars et des pesetas espagnoles — Colomb n'était-il pas espagnol lui-même ? — et l'autre par un réalisateur anglais, Ridley Scott, mais avec des producteurs français et de l'argent italien — Christophe Colomb n'était-il pas né en Italie ? Il fallait aller vite pour sortir dans les salles de cinéma le 12 octobre 1992, l'anniversaire du jour où Colomb mit le pied sur une petite île des Caraïbes.

LES DOLLARS DE *CHRISTOPHE COLOMB*

Finalement, c'est Ridley Scott qui va gagner la course des deux Christophe Colomb. Et c'est Colomb-Depardieu qui découvrira l'Amérique.

Le jour dit, cette superproduction* européenne, qui a coûté quarante-cinq millions de dollars, est projetée dans quatre mille sept cents salles partout dans le monde.

Certes, le *1492, Christophe Colomb*, plein de musique bruyante, de décors* grandioses, de couchers de soleil magnifiques, oublie un peu la vérité historique. C'est Hollywood aux Caraïbes !

***Christophe Colomb**, de l'Anglais Ridley Scott. Un superbe rôle pour Gérard Depardieu.*

Ridley Scott, noyé sous les dollars, ne retrouve pas la qualité de ses films précédents, comme *The Duellists* ou *Blade Runner*. Il est difficile de croire que la reine Isabelle de Castille ressemblait à Sigourney Weaver! Mais Depardieu en Christophe Colomb est formidable

Comme d'habitude, il prend tout le film sur les épaules. Il y croit à son personnage, il devient Christophe Colomb. Plus personne ne pourra le jouer après lui sans penser à Depardieu.

En attendant, à la fin de l'année 92, on l'a vu sur toutes les télévisions du monde, du Japon à la Russie, de Los Angeles à Paris où il vient «vendre» son *1492 Christophe Colomb*.

Entre deux avions, il s'arrête à Rome et tourne, en trois jours, la première publicité de sa vie. Depardieu devient vendeur de pâtes italiennes. Au journaliste qui s'étonne de cette nouveauté, il répond, avec humour :

– Je fais ça pour trois raisons : d'abord parce que j'aime les pâtes, ensuite parce que c'est Ridley Scott qui filme cette publicité, et enfin parce que j'y gagne six millions de francs.

Il y a peut-être une quatrième raison : l'un des industriels italiens qui a contribué au financement du film *1492 Christophe Colomb* ne fabrique pas que des films mais aussi des pâtes. En tournant cette publicité, Scott et Depardieu auraient seulement respecté leur contrat...

Hollywood le réclame à nouveau. Ridley Scott, toujours lui, l'appelle pour son prochain film, *Raspoutine*, ce prêtre qui exerça une grande influence sur les derniers tsars de Russie. D'autres réalisateurs américains lui proposent les rôles les plus absurdes, mais toujours des personnages historiques. Depardieu va-t-il devenir un spécialiste des hommes célèbres du temps passé ?

Lui, il en a un peu assez : « Je préfère retourner à mes bons petits films français. »

Pas si petits que ça, les films français que Depardieu nous prépare.

En février 1993, il n'y en a que deux au programme. D'abord l'adaptation par Claude Berri du roman d'Émile Zola : *Germinal*. Depardieu n'y joue qu'un personnage secondaire. Le premier rôle est réservé au chanteur Renaud — un autre ancien du café-théâtre — pour une première apparition au cinéma.

Berri recommence ce qu'il avait fait avec *Jean de Florette* et *Manon des Sources*. Il risque tout dans l'affaire. Au total, la plus grosse somme jamais dépensée pour un film français : cent soixante millions de francs, dont quarante pour le décor, une mine de charbon du XIXe siècle reconstruite dans le nord de la France. Les huit mille figurants*, les personnes qui travaillent à fabriquer les costumes et les décors sont tous des gens nés dans cette région frappée par la crise économique. *Germinal*, qui les aura aidés à sortir temporairement de cette période difficile, pourrait bien être, cette année, un événement qui dépasse le cinéma. Et Depardieu en aura fait partie.

Autre film en préparation *Hélas pour moi*, de celui que l'on dit le plus intellectuel des cinéastes, Jean-Luc Godard. Depuis *Rêve de singe* de Ferreri, Depardieu se méfie des réalisateurs qui pensent trop. Il a d'ailleurs dit un jour de Godard : « Il sait filmer une vache ou un train, mais pas un acteur. »

Mais entre-temps, Alain Delon a joué dans un film de Godard. Donc, il faut y aller aussi ! Aux dernières nouvelles, Depardieu fera le rôle de Dieu, tout simplement. Un des rares personnages qu'il n'avait pas encore joué !

Vingt ans après

À quarante-cinq ans en décembre 1993, avec une telle énergie, une telle santé, on espère bien que Gérard Depardieu n'est qu'à la moitié de sa vie, au premier tiers de sa carrière de comédien. Sera-t-il comme Charles Vanel qui, à plus de quatre-vingt-quinze ans, jouait encore ? C'est d'ailleurs à ce très vieil acteur que Depardieu donnait une splendide gifle dans *Sept morts sur ordonnance*, en 1975, alors que Vanel avait quatre-vingt-quatre ans et cent soixante films derrière lui. Était-ce un signe des dieux ? À quarante-cinq ans, Depardieu en a déjà fait la moitié.

Qu'est-ce qui fait courir Gérard Depardieu ? L'argent ? Certes, il en gagne beaucoup, mais il le dépense très vite dans sa maison de production pour aider le cinéma qu'il aime. C'est ainsi que, grâce aux pâtes italiennes, il a fait découvrir en France le premier film de l'acteur anglais Kenneth Branagh, *Henri V*. Un acteur de théâtre qui, dans sa façon de s'engager totalement, lui ressemble. Il a aussi racheté tous les droits du cinéaste américain John Casavetes, l'égal de Woody Allen, mais mort oublié par Hollywood.

Le seul luxe que l'on connaisse à Depardieu, c'est l'achat d'un terrain de vigne, en Anjou et qui donne, dit-on, un bon petit vin. Pour le reste, sa vie privée est très secrète. Gare au journaliste qui oserait lui attribuer des amours cachées. Il se retrouverait tout de suite devant la justice.

Est-ce la recherche de la gloire, alors, qui l'entraîne ainsi ? Depuis *Danton*, *Cyrano* et *Christophe Colomb*, Depardieu est le plus célèbre des acteurs français partout dans le monde. Difficile de monter encore plus haut dans la célébrité.

Est-ce l'envie de montrer qu'il est le meilleur, loin devant Delon et Belmondo, mais aussi devant ses maîtres Louis Jouvet et François Perrier ? Aucun de tous ces autres grands acteurs n'a jamais joué, au cinéma, autant de chefs-d'œuvre en si peu de temps et avec les meilleurs cinéastes français de leur temps : Blier, Pialat et les autres.

Maintenant, Depardieu aurait le droit de courir moins vite. Mais non, il continue. Quelle nouvelle surprise nous prépare-t-il demain, de quoi rêve-t-il ?

« J'ai envie, disait-il après *le Soleil de Satan*, de m'occuper d'un théâtre d'environ quatre cents places, de découvrir des textes de jeunes auteurs, de révéler de nouveaux acteurs. »

Comme pour Louis Jouvet, les deux seules amours de cet homme de cinéma seraient donc le théâtre et la littérature. Mais cette salle de quatre cents places n'est toujours pas ouverte.

Gérard Depardieu avec Elisabeth et leurs deux enfants, arrivant au festival de Cannes.

Ou alors osera-t-il un jour, lui, le fils d'ouvrier de Châteauroux, se mettre enfin de l'autre côté de la caméra pour nous raconter ses films et ses histoires à lui?

Impossible de répondre aujourd'hui à toutes ces questions. Il faudra peut-être attendre encore vingt ans et quatre-vingts autres films. La longue course de Gérard Depardieu à travers le cinéma est loin d'être finie. Pour le plus grand bonheur du public.

Mots et expressions

Le vocabulaire du spectacle

acteur (-trice) : personne dont la profession est de jouer un rôle au théâtre ou au cinéma.

adapter : « traduire » un roman ou une pièce de théâtre (faire une *adaptation*) dans le « langage » du cinéma pour en faire un film.

alexandrin, *m* : en poésie, vers de douze syllabes

café-théâtre, *m* : forme de spectacle apparu après 1968, de jeunes acteurs jouaient dans des cafés leurs propres textes et leurs propres chansons.

caméra, *f* : appareil qui sert à prendre les images d'un film. (vient du mot latin qui veut dire chambre)

césar : voir *oscar*.

cinéaste, *m ou f* : personne qui fait des films de cinéma. (voir *metteur en scène* et *réalisateur*)

classique, *n. et adj.* : au cinéma, soit film ancien que tout le monde connaît, soit film fait avec soin, mais sans nouveautés. Au théâtre, pièce d'un grand écrivain du passé.

comédie, *f* : pièce ou film qui fait surtout rire (adj : *comique*).

Comédie-Française : le plus vieux et le plus célèbre des théâtres français.

comédien (-ienne) : acteur de théâtre, surtout, mais qui ne joue pas seulement la *comédie*. Dire d'un acteur qu'il est un « comédien » est un compliment.

court métrage, *m* : film qui dure moins d'une demi-heure. Les films qui durent au moins une heure et demie sont appelés « *longs métrages* ». Entre les deux, plus rares, les « *moyens métrages* ».

critique, *m ou f* : journaliste qui écrit des articles disant du bien ou du mal des films, des pièces, des livres, etc.

critique (la), *f* : l'ensemble des journalistes critiques ou un article écrit par eux. (verbe : *critiquer*).

décors, *m pl* : paysages, villes, maisons et objets, vrais ou faux que l'on voit dans un film. Au théâtre, le décor est peint sur du bois ou du papier.

dialogue, *m* : tous les textes que doivent dire les acteurs au théâtre et au cinéma.

écran, *m* : grand espace blanc rectangulaire face aux spectateurs, sur lequel les images apparaissent (on dit aussi « un *écran de télévision* »).

festival de Cannes, *m* : grande fête du cinéma qui a lieu à Cannes, sur la Côte d'Azur, au mois de mai, depuis 1946. Beaucoup de pays y envoient des films qu'ils croient être les meilleurs de l'année. La plus grande récompense est la **Palme d'or**.

figurant (-e) : acteur que l'on ne voit que quelques secondes dans un film et qui n'a pas de texte à dire.

film culte, *m* : film que l'on respecte comme les origines d'une religion

improvisation, *f* : quand l'acteur invente son texte lui-même tout en le jouant.

intellectuel (-lle) : personne qui ne parle et n'écrit que sur les idées.

interprétation, *f* : manière pour un acteur de jouer (*d'interpréter*) un personnage en essayant de comprendre sa pensée et d'expliquer ses actions.

jeune premier, *m* : acteur jeune et beau qui joue surtout les amoureux.

metteur en scène, *m* : au théâtre, celui qui dirige les acteurs. Au cinéma : *cinéaste*. Mais on dit surtout metteur en scène de cinéma pour les cinéastes qui n'ont pas écrit le texte du film et se contentent de diriger les acteurs et les *techniciens*.

oscar, *m* : récompense américaine donnée chaque année depuis 1927 aux acteurs, aux *réalisateurs*, aux films, etc. au cours d'une grande fête. Depuis 1976, Paris a imité Hollywood en donnant des *césars*, du nom d'un sculpteur connu.

partenaire, *m* : acteur qui joue avec un autre acteur dans le même film.

passer dans les lumières : expression de théâtre ou de cinéma pour dire que l'acteur est remarqué par le spectateur.

pièce (de théâtre), *f* : œuvre écrite pour le théâtre

plateau, *m* : endroit où jouent les acteurs de cinéma et autour duquel sont placées les caméras.

producteur (-trice) : personne qui donne ou cherche l'argent pour faire un film. *Maison de production :* entreprise qui s'en occupe.

projeter : montrer le film dans une salle de spectacle au cours d'une *projection*.

réalisateur (-trice) : personne qui fait (qui réalise) un film (voir *cinéaste* et *metteur en scène*. Le réalisateur écrit souvent lui-même le *scénario*, les *dialogues* ou invente l'histoire.

rôle, *m* : personnage joué par l'acteur

scénario, *m* : toute l'histoire du film racontée par écrit. (*scénariste* : personne qui a écrit ce texte). Les *dialogues* (voir ce mot) écrits par le *dialoguiste* ne sont pas obligatoirement dans le scénario.

scène, *f* : endroit du théâtre où sont les acteurs. Mais scène veut dire également passage d'une pièce ou d'un film où jouent les mêmes personnages en même temps (au cinéma on dit également *séquence*).

star, *f* : mot anglais qui veut dire « étoile ». Aux États-Unis jusque vers 1960, la star était un acteur que l'on admirait comme un dieu. En France et maintenant aux États-Unis, on parle de stars pour les acteurs les plus connus et qui jouent toujours un peu les mêmes personnages avec lesquels ils finissent par se confondre.

studio, *m* : endroit souvent fermé où on a construit les *décors* (voir ce mot) et les paysages d'un film (aux États-Unis les studios sont surtout à Hollywood, en France à Boulogne, près de Paris, en Italie à Cinecitta, près de Rome). De plus en plus de cinéastes préfèrent aujourd'hui tourner à l'extérieur, « en décors naturels ».

superproduction, *f* : film fait avec beaucoup d'argent et beaucoup d'acteurs célèbres.

techniciens, *m* : personnes qui, au cinéma, s'occupent de la lumière, du son, de la *caméra* et de tous les appareils en général.

téléfilm, *m* : film fait pour la télévision.

tourner : être en train de filmer ou de jouer un film (n : *tournage*). Au début du cinéma, on devait « tourner », enrouler le film dans la *caméra* à la main.

tragédie, *f* : pièce ou film triste qui se finit mal (adj : *tragique*).

Tous les films

Voici la liste de tous les films dans lesquels Gérard Depardieu a joué, avec leur date de sortie en salle et le nom du réalisateur.

1965
Le Beatnik et le Minet (court métrage). Roger Leenhardt
1971
Le Cri du cormoran le soir au-dessus des jonques. Michel Audiard
Un peu de soleil dans l'eau froide. Jacques Deray
1972
Le Viager. Pierre Tchernia
Le Tueur. Denys de la Patellière
La Scoumoune. José Giovanni
1973
Au rendez-vous de la mort joyeuse. Juan Buñuel
Nathalie Granger. Marguerite Duras
L'Affaire Dominici. Claude-Bernard Aubert
Rude journée pour la reine. René Allio
Deux hommes dans la ville. José Giovanni
1974
Les Gaspards. Pierre Tchernia
Les Valseuses. Bertrand Blier
La Femme du Gange. Marguerite Duras
Stavisky. Alain Resnais
Vincent, François, Paul et les autres. Claude Sautet
1975
Pas si méchant que ça. Claude Goretta
Sept morts sur ordonnance. Jacques Rouffio
1976
1900/Novecento. Bernardo Bertolucci
Maîtresse. Barbet Schrœder
La Dernière Femme (L'Ultima Donna). Marco Ferreri
Je t'aime, moi non plus. Serge Gainsbourg
Barocco. André Techiné
1977
Baxter, Vera Baxter. Marguerite Duras
René la Canne. Francis Girod
Le Camion. Marguerite Duras
La nuit, tous les chats sont gris. Gérard Zingg
Dites-lui que je l'aime. Claude Miller

1978

Violanta. Daniel Schmidt
Préparez vos mouchoirs. Bertrand Blier
La Femme gauchère (Die linkshändige Frau). Peter Handke
Rêve de singe (Cia Maschio). Marco Ferreri
Le Sucre. Jacques Rouffio

1979

Le Grand Embouteillage (L'Ingorgo). Luigi Comencini
Les Chiens. Alain Jessua
Buffet froid. Bertrand Blier

1980

Loulou. Maurice Pialat
Rosy la Bourrasque (temporale Rosy). Mario Monicelli
Mon Oncle d'Amérique. Alain Resnais
Le Dernier Métro. François Truffaut
Je vous aime. Claude Berri
Inspecteur la Bavure. Claude Zidi

1981

Le Choix des armes. Alain Corneau
La Femme d'à côté. François Truffaut
La Chèvre. Francis Veber

1982

Le Retour de Martin Guerre. Daniel Vigne
Le Grand frère. Francis Girod

1983

Danton. Andrzej Wajda
La Lune dans le caniveau. Jean-Jacques Beineix
Les Compères. Francis Veber

1984

Fort Saganne. Alain Corneau
Le Tartuffe. Gérard Depardieu
Rive droite, rive gauche. Philippe Labro

1985

Police. Maurice Pialat
Une femme ou deux. Daniel Vigne

1986

Jean de Florette. Claude Berri
Tenue de Soirée. Bertrand Blier
Les Fugitifs. Francis Veber

1987

Sous le soleil de Satan. Maurice Pialat.

1988

Camille Claudel. Bruno Nuytten
Drôle d'endroit pour une rencontre. François Dupeyron

1989

Deux. Claude Zidi
I want to go home. Alain Resnais
Trop belle pour toi. Bertrand Blier
1990

Cyrano de Bergerac. Jean-Paul Rappeneau
Uranus. Claude Berri
1991

Green Card. Peter Weir
Merci la vie. Bertrand Blier
1992

Tous les matins du monde. Alain Corneau
Mon Père ce héros. Gérard Lauzier
1492, Christophe Colomb. Ridley Scott
1993

Hélas pour moi. Jean-Luc Godard
Germinal. Claude Berri.

Imprimé en France par I.M.E. - 25110 Baume-les-Dames
Dépôt légal n° 4030-10/1994
Collection n° 04 - Edition n° 02
15/4938/5